DON BOSCO
VERLAG

Ingrid Biermann

# Gemeinsam entdecken wir die Welt

Geschichten, Lieder und Spiele im Kindergarten

Don Bosco

Die Deutsche Bibliothek – CIP–Einheitsaufnahme

**Biermann, Ingrid:**
Gemeinsam entdecken wir die Welt : Geschichten,
Lieder und Spiele im Kindergarten / Ingrid Biermann.
– 1. Aufl. – München : Don Bosco, 1999
    ISBN 3-7698-1164-X

1. Auflage 1999 / ISBN 3-7698-1164-X
© 1999 Don Bosco Verlag, München
Umschlag und Illustrationen: Margret Russer, München
Notensatz: Notensatzstudio Nikolaus Veeser, Schallstadt
Gesamtherstellung: Don Bosco Grafischer Betrieb, Ensdorf

Gedruckt auf umweltfreundlichem Papier.

# Inhalt

# Vorwort

## Leben in der Gruppe

Die Kindertageseinrichtung ist der Ort, an dem Kinder das Miteinander in einem größeren Rahmen zum ersten Mal hautnah erleben. Für viele ist das eine sehr große Umstellung. Behütet und beschützt haben sie bisher allein oder mit nur wenigen Geschwistern gespielt und den Tag verbracht. Ihre Wünsche und Bedürfnisse wurden individuell gestillt und so konnten sie sich frei und oft mit wenig Grenzen entfalten. Von einem Tag zum anderen verändert sich jetzt in der Kindertageseinrichtung diese Situation. Zwar werden den Kindern Zonen, Ecken und Spielmöglichkeiten angeboten, in denen sie allein oder mit nur wenigen Kindern spielen können, jedoch spielt sich der größere Teil des Tages in der Gruppe ab. Somit ist das Miteinander ein wichtiger Teil des Lebens, mit dem die Kinder zurecht kommen müssen. Die neue Spiel- und Lebenssituation fordert von jedem einzelnen Kind, dass es sich mit Konflikten, Spielabläufen, Spielsituationen und vielen Dingen mehr auseinander setzen muss. Es muss oft Entscheidungen treffen, ob und wie es dieses Miteinander gestalten, regeln und erleben will. Rücksichtnahme, das Zurückstellen der eigenen Bedürfnisse, das Akzeptieren anderer Wünsche, Einhalten von Regeln, Ge- und Verbote und somit Grenzen können viele Konflikte mit sich bringen.

## Gemeinsames Entdecken und Lernen

Die Kindertagesstätte ist aber auch der Ort, an dem die Kinder die Chance bekommen, durch das Miteinander viele neue und positive Erfahrungen zu machen. Sie lernen miteinander zu erleben, zu lachen oder zu weinen, sich zu freuen, auszuprobieren, Erfolge zu haben und Misserfolge zu ertragen. Sie lernen das Miteinander als eine Bereicherung kennen, denn die täglich angebotenen Spiele und Übungen machen in der Gruppe viel mehr Spaß.

In ihrer nahen Umgebung können die Kinder jede Menge spannender Entdeckungen machen, denn gemeinsam wagen sie es, alles genau zu erforschen. Die Kinder beflügeln sich gegenseitig in ihrer Fantasie und in ihrem Forschergeist. Ganz nebenbei wird auf diese Weise auch das Verständnis für die Stärken und Schwächen des Anderen geweckt, denn nur wenn man sich gegenseitig hilft und unterstützt kann man tolle Sachen entdecken und begreifen. In der Kindertageseinrichtung können Kinder also sowohl allein, als auch im Miteinander mit den anderen kleinen Entdeckern erforschen, erleben und lernen.

Auch wenn die meisten Kinder aufgrund ihrer großen Neugierde von allein den Wunsch verspüren, ihre Umwelt eingehend zu erkunden und die Welt zu entdecken, gibt es immer wieder Kinder, denen der Anstoß durch die anderen gut tut. Sie wären allein zu schüchtern oder ängstlich. Manche Kinder sind bereits im Kindergartenalter übersättigt von einem übermäßigen Medienkonsum. Sie brauchen zunächst stärker als andere Kinder Impulse zur Eigentätigkeit und werden so von den anderen angesteckt, die Welt zu erforschen.

Mit Hilfe dieses Buches möchte ich Ihnen, liebe Erzieherin und lieber Erzieher, einen „Roten Faden" reichen, mit dem Sie das gemeinsame Entdecken und Erobern der Welt in Ihrer Einrichtung verstärkt berücksichtigen und gerade den Kindern Anstöße zum Mitmachen geben können, die Ermutigung brauchen.

*Ingrid Biermann*

# Worüber wir staunen ...

Jedes Kind ist von Natur aus neugierig. Seine Neugierde ist eine wichtige Voraussetzung, um die Umgebung überhaupt wahrzunehmen und zu begreifen. Beobachtet man Kinder beim Spielen, beim Spazierengehen oder im Alltag kann man feststellen, dass sie alles aufheben, alles untersuchen, alles anfassen, oft inne halten um intensiv zu beobachten, sehr viel allein machen und ausprobieren wollen und viele Fragen stellen.

Doch leider verlieren manche Kinder diese Neugierde zu früh, weil sie durch den Medienkonsum schon überfüttert sind oder nicht auf offene Ohren und Verständnis seitens der Erwachsenen stoßen. Sie erfahren, dass sie konfliktfreier leben, wenn sie weniger enervierende Fragen stellen, weniger Interesse für ihre Umgebung zeigen, wenn sie „pflegeleichter" sind. Diese Anpassung bewirkt, dass manche Kinder interesseloser werden. Sie verlieren mehr und mehr die Fähigkeit über die vielen Geheimnisse in ihrer Umwelt zu staunen. Aber: die Erfahrungen, die Kinder in ihrer Kinderzeit nicht machen, können sie zu keinem späteren Zeitpunkt nachholen.

Jeder Tag birgt tausendfach die Möglichkeit, etwas Interessantes und Aufregendes zu entdecken. Oft hindern auch Stress und Unruhe daran, auf große Entdeckungsreise zu gehen. Die feinere Wahrnehmung, die zum Forschen nötig ist, leidet unter Zeitmangel und Stress.

Der Kindergarten kann hier helfend eingreifen und durch seine Angebote dazu beitragen, dass die Neugierde und das Staunen wieder eine Chance haben: er kann Kindern genügend Zeit und Raum geben, um sich mit Intensität auf eine Sache einlassen zu können – ganz ohne Störungen und Hektik.

Worüber wir staunen ...

# Kinder haben tausend Fragen
## (ein Lied zum Mitmachen)

*Refrain*

Kin - der ha - ben tau - send Fra - gen, Kin - dern muss man so viel

sa - gen. Kin - der wol - len so viel wis - sen, weil sie noch so viel

ler - nen müs - sen, weil sie noch so viel ler - nen müs - sen.

1. Wa - rum kön - nen Vö - gel flie - gen? Wa - rum kann man

Stahl nicht bie - gen? Kön - nen Blu - men glück - lich sein?

Flie - gen Ster - ne von al - lein? Wann geht der Tag, wann

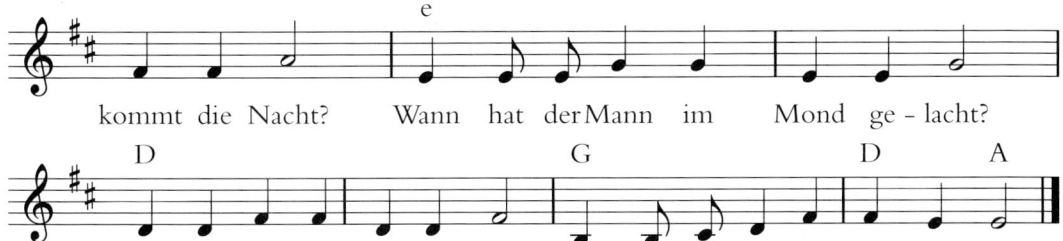

kommt die Nacht? Wann hat der Mann im Mond ge - lacht?

Wa - rum sind die Blät-ter grün? Wann müs-sen Eu len schla-fen gehn?

*D.C. al Fine*

*Refrain:* Kinder haben tausend Fragen ...

2. Warum können Mücken stechen?
   Kann man nasses Holz auch brechen?
   Kann man einen Engel sehen?
   Wann konnte ich alleine gehen?
   Woher kommt nur der weiße Schnee?
   Wie viele Blätter hat der Klee?
   Warum bin ich denn noch so klein?
   Wann werd ich groß und stärker
   sein?

*Refrain:* Kinder haben tausend Fragen ...

3. Das Fragen, ja, das macht mir Spaß,
   durch Fragen, ja, da lern ich was.
   Darum will ich vieles wissen,
   möcht das Fragen niemals missen.
   Ja, tausend Fragen stell ich dir,
   komm, sag ganz schnell die Antwort mir.
   Doch mit dem Fragen ist nie Schluss,
   weil ich noch ganz viel wissen muss.

*Refrain:* Kinder haben tausend Fragen ...

# Die Sammlerin
### (eine Geschichte für Neugierige)

## Motivation
- Sensibilisieren für die Umwelt
- Sensibilisieren für „Unscheinbares", für Kleinigkeiten
- Förderung der Konzentration

## Material
Einige Tage vorher werden einige Kinder gebeten, Sachen, die sie gesammelt haben, in den Kindergarten mitzubringen. Diese werden in eine Tasche gelegt.

## Ablauf
Die Kinder sitzen zusammen im Kreis und leeren die Sammeltasche. Dabei kann ein reges Gespräch entstehen über Herkunft, Fundort und Nutzbarkeit der gesammelten Gegenstände. Danach wird die folgende Geschichte erzählt:

Julia ist eine leidenschaftliche Sammlerin. Mit offenen Augen geht sie über Wege, Wiesen, Felder durch Parks oder Wälder. Überall sieht sie Dinge, die sie schön findet und mitnimmt: bunte Dosen und Flaschen, alte Tassen, Steine und vieles mehr. Darum geht sie keinen Schritt ohne ihren Sammelbeutel. Vorsichtig legt sie die kleinen und großen Kostbarkeiten dort hinein und bewahrt sie zu Hause in einem Regal auf. Julia hütet ihre Kostbarkeiten wie einen Schatz. Einige Sachen, die sie besonders schön findet, bewahrt sie in ihrer

Schatztruhe, einem Karton, auf. Diese Dinge soll niemand sehen, noch nicht einmal ihre Mutter. Sie bleiben ihr kleines Geheimnis. Nur ihrem Teddy, dem zeigt sie alle Kostbarkeiten. Oft, wenn sie abends allein in ihrem Zimmer ist, holt sie die Schatztruhe aus dem Versteck, und gemeinsam mit dem Teddy schaut sie sich die vielen schönen Kostbarkeiten an: glitzernde Steine, Muscheln, bunte Glasscherben, aber auch Wurzeln oder wunderschöne Blätter und Blüten. Mit Stolz betrachtet sie die Dinge und erzählt ihrem Teddy, wo sie jeden der Schätze gefunden hat.

Eines Nachmittags, als Julia mit ihrer Puppe im Park spazieren geht, findet sie unter einem kleinen Baum ein klitzekleines Vogelei. Es ist aus dem Nest gefallen, aber nicht zerbrochen. Vorsichtig hebt Julia es auf und will es zurück ins Nest legen. Doch das Nest ist leer. „Die Vogelmutter will es bestimmt nicht mehr ausbrüten", denkt sie und betrachtet es nun ganz genau. Es ist grün und hat viele kleine Punkte. Jetzt hält sie das Ei an ihr Ohr. Da glaubt sie, ein ge-

heimnisvolles Ticken zu hören … Vorsichtig legt sie das Ei in ihren Puppenwagen und fährt nach Hause. Schnell schleicht sie sich mit dem Ei in ihr Zimmer. Ihre Mutter hat sie nicht gehört. Julia schließt die Tür und betrachtet das Ei, hält es an ihr Ohr und wieder scheint es zu ticken … Vorsichtig legt sie das Ei in ihre Schatztruhe und deckt es mit etwas Watte warm zu. „Vielleicht schlüpft ein kleiner Vogel aus", flüstert sie Teddy zu und schiebt die Schatztruhe unter ihr Bett. Am Abendbrottisch verspürt Julia große Lust, ihren Eltern von dem Schatz zu erzählen. Doch sie behält es für sich. Als Julia im Bett liegt, holt sie vorsichtig das kleine Ei und kuschelt sich mit ihm unter der warmen Bettdecke ein. Als es ganz still ist, glaubt sie wieder das Ticken zu hören.

Julia schließt die Augen und träumt davon, dass aus ihrem Ei ein kleiner, zitronengelber Vogel mit einem roten Schnabel und herrlichen blauen Augen schlüpft. Er ist ganz anhänglich und kann wunderschön singen …

## Auswertung

Das Ende der Geschichte lädt dazu ein, die eigene Fantasie spielen zu lassen. Die Kinder können im anschließenden Gespräch überlegen, was aus dem Ei geworden ist. Dann können sie gemeinsam ein Sammelregal einrichten und hin und wieder auf „Sammeltour" gehen, um das Regal mit Schätzen zu bereichern.

# Seit Tagen sind die Türen zu
### (eine Versgeschichte)

## Motivation
♦ berichten, was neugierig macht und wo geheimnisvolle Dinge zu erwarten sind
♦ eigene Erlebnisse motivieren zum Erzählen

## Material
Ein selbst gemaltes Bild, auf dem eine verschlossene Tür zu sehen ist. Diese kann geöffnet werden (wie bei einem Adventskalender). Hinter der Tür versteckt sich ein beliebiges aber besonders schön anzuschauendes Motiv (Blume, Schmetterling, Regenbogen usw.). Mit vielen kleinen Notizblättern wird das Bild abgedeckt.

## Ablauf
Die Kinder sitzen in einem Kreis. Nacheinander können sie je ein Notizblatt entfernen und versuchen, das Bildmotiv möglichst frühzeitig zu erraten. Danach liest die Erzieherin das folgende Gedicht vor:

Seit Tagen ist die Türe zu,
verschlossen sind die Fenster.
Die Neugier lässt mir keine Ruh,
seh hier und da Gespenster.

Geheimnisvoll die Mutter sagt:
„Lass dich doch überraschen."
Die Tür geht auf, 'nen Blick ich wag,
doch ich kann nichts erhaschen.

Die Spannung steigt, die Tage gehn,
bald werde ich es wissen,
jetzt kann ich noch gar nichts sehn,
werd wohl noch warten müssen.

Verständnisvoll der Vater sagt:
„Du wirst es schon bald sehen,
was jetzt geheimnisvoll noch scheint,
wird bald schon vor dir stehen."

Noch immer ist die Türe zu,
verschlossen sind die Fenster.
Die Neugier lässt mir keine Ruh,
seh immer noch Gespenster.

## Abschluss

Die Kinder können versuchen zu erraten, was sich hinter der Tür (auf dem Bild) verbirgt. In einem anschließenden Gespräch können sie von eigenen Erlebnissen mit verschlossenen Türen berichten. Auch Gefühlsschwankungen, die durch ein solches Erlebnis entstehen können, werden thematisiert. Abschließend wird die Tür auf dem Bild geöffnet und das Geheimnis gelüftet.

# Geheimnisvolles Rascheln im Laub
## (eine Waldgeschichte)

## Motivation
- sich auf eine Geschichte konzentrieren
- Vorstellungskraft weiterentwickeln
- neugierig werden auf Entdeckungen in der Natur

## Material

Ein Weidenkorb mit Gegenständen, die knistern, knacken, rascheln, z.B. Folie, Butterbrotpapier, Löffel, Holz, Zeitungspapier, Schmiergelpapier, eine Lampe, bunt bezogene Kopfkissen (Die Kissen können in einer Sammelaktion bei den Eltern zusammengetragen werden. Diese Kissen sind häufig einsetzbar, sehr bequem und leicht zu verstauen.), Malpapier, Holzunterlagen, Stifte

## Ablauf

Die Kinder setzen sich auf die Kissen und schließen die Augen. Die Erzieherin erzeugt mit den o.g. Gegenständen Geräusche, und die Kinder versuchen, diese zu identifizieren. Danach wird der Raum ein wenig verdunkelt. Eine Lampe gibt geheimnisvolles Licht (Eine Farbbirne kann die Stimmung noch unterstreichen). Die Kinder machen es sich auf ihren großen Kopfkissen bequem und lauschen der Geschichte.

Fast jeden Sonntag macht Martin mit seinen Eltern einen langen Spaziergang durch den Wald. Dann sind sie richtige Waldforscher. Immer wieder gibt es im Wald etwas Neues zu erleben. Die schönste Jahreszeit ist der Herbst, meint Martin. Dann ist der Wald besonders geheimnisvoll. Das Laub leuchtet in den wundervollsten Farben. Es knistert, knackt und riecht wie in einem Zauberwald.

Martin und sein Vater machen oft ein Entdeckerspiel. Jeder kann dann für eine kurze Zeit im Wald allein buddeln, wühlen und sammeln. Mama stoppt die Zeit und gibt ein Signal. Dann kommen Martin und Papa zurück, und gemeinsam können sie bestaunen, was jeder so gefunden hat, Tannenzapfen, Moos, Wurzeln, Eicheln oder sogar leere Vogelnester. Manchmal aber sind auch Dinge dabei, die nicht in den Wald gehören, z.B. Bierdosen, Bonbonpapier oder Zeitschriften. Die sammeln sie dann in einem mitgenommenen Müllbeutel. So sorgen sie dafür, dass der Wald etwas sauberer wird.

An diesem Sonntag, die Herbstsonne scheint besonders schön warm, wollen Martin und seine Eltern sehr lange im Wald bleiben. Mama hat Brote geschmiert und Papa nimmt heute ein Fernglas mit. Bei diesem schönen Wetter kann man damit weit schauen und viel entdecken. Stolz maschiert Martin mit seinen Eltern los.

Überall entdecken sie heute Pilze. Manchmal sind sie in dem bunten Laub kaum zu sehen, aber Augen wie die von Papa sehen einfach alles. Papa schaut zwischendurch immer wieder durch sein Fernglas, und wenn er etwas entdeckt hat, dann kann auch Martin schauen.

Plötzlich entdeckt Vater einen Blätterberg. Gemeinsam gehen sie darauf zu, um wieder zu buddeln. Doch als sie vor dem Berg stehen, hören sie ein geheimnisvolles Rascheln. „Der Berg kann ja gehen", sagt Martin leise. Gespannt bleiben sie stehen und schauen, was passiert. Tatsächlich, der Berg bewegt sich. Es raschelt, knistert und knackt, dann ist es wieder still. Aber schon kurz darauf bewegt er sich wieder, und es knackt und knistert von Neuem. Martin, Mama und Papa bewegen sich nicht von der Stelle. Sie versuchen zu erraten, was das wohl sein könnte. Jeder darf eine Lösung sagen. Mama meint, es wären Waldmäuse. Papa glaubt, dass sich ein Igel darunter versteckt hält, und Martin glaubt an einen Fuchs. Neugierig bleiben alle stehen. „Was ist, wenn es ein Wildschwein ist?", fragt Martin ganz leise und geht einige Schritte zurück. Papa beruhigt ihn: „Keine Angst Martin, für ein Wildschwein ist der Laubberg viel zu klein." Nun bewegt sich der Laubberg gar nicht mehr. Es ist auch kein Laut mehr zu hören. Ganz langsam und vorsichtig nehmen Martin, Papa und Mama das Laub auseinander. Sie müssen schon genau hinsehen, denn im Laub etwas zu erkennen, ist sehr schwer. Doch da plötzlich sehen sie etwas. Es ist braun, rund und hat Stacheln wie die Kastanien. Es ist aber viel größer als eine Kastanie. Martin starrt auf das stachelige Etwas, und mit einem Mal kann er es erkennen. Es ist ein Igel. Er hat sich aus Blättern eine Winterwohnung gemacht. Martin staunt, denn der Igel ist noch sehr klein. „Bis zum Winter hat er noch ein wenig Zeit", meint Vater, „da kann er sich noch Winterspeck anfressen." Genauso vorsichtig wie sie den Blätterberg

auseinander genommen haben, schichten sie das Laub wieder auf. Als der Igel zugedeckt ist, machen sie sich leise auf den Heimweg.

„Das war heute ein schönes Walderlebnis", sagt Martin, als sie zu Hause sind. „Im Wald gibt es immer etwas Neues zu sehen ...", schwärmt Papa, „... und deshalb gehen wir am nächsten Sonntag wieder hin", fügt Mama hinzu.

An diesem Abend geht Martin früh schlafen, denn die frische Luft hat ihn müde gemacht. Wovon er in dieser Nacht träumt, könnt ihr bestimmt erraten ...

## Auswertung

Nach einem Gespräch über die Geschichte und eigene Erlebnisse im Wald malen die Kinder ein Bild von Martins Traum.

# Die Blume, sie wächst Stück für Stück
### (ein Vers zum Mitmachen)

## Motivation
- über das Geheimnis des Wachsens nachdenken
- der Schöpfung Aufmerksamkeit schenken

## Materialien
Ein von der Erzieherin vorbereitetes Maßband; Bilder, die das Wachsen einer Pflanze, eines Tieres oder eines Menschen darstellen; für jedes Kind ein kleiner Tontopf, Blumenerde und Sonnenblumenkerne; eine Gießkanne mit Wasser; einige unterschiedlich große Topfblumen

## Ablauf
Die Erzieherin erstellt einige Tage vorher das Maßband. Jeder Zentimeter wird mit bunten Aufklebern gekennzeichnet. Die Kinder können sich damit messen und Vergleiche anstellen. Es können auch andere Gegenstände gemessen und verglichen werden, wie z.B. die Blumen aus der Gruppe. Anschließend wird der folgende Vers vorgetragen, zu dem die Kinder Bewegungen des Wachsens machen können. Dazu gehen sie beim letzten Satz jeder Strophe in die Hocke und richten sich langsam auf.

Die Blume, sie wächst Stück für Stück,
welch ein Wunder, welch ein Glück,
Ich schaue zu und staune dann,
wie schnell sie größer werden kann.
Wie groß sie wird, bleibt noch verborgen,
dafür wird die Natur schon sorgen.
Sie wächst und wächst ein Stückchen bloß,
und plötzlich ist sie riesengroß.

Das Pony, es wächst Stück für Stück,
welch ein Wunder, welch ein Glück.
Ich schaue zu und staune dann,
wie schnell es größer werden kann.
Wie groß es wird, bleibt noch verborgen,
dafür wird die Natur schon sorgen.
Es wächst und wächst ein Stückchen bloß,
und plötzlich ist es riesengroß.

Der Baum, ja, der wächst Stück für Stück,
welch ein Wunder, welch ein Glück.
Ich schaue zu und staune dann,
wie schnell er größer werden kann.
Wie groß er wird, bleibt noch verborgen,
dafür wird die Natur schon sorgen.
Er wächst und wächst ein Stückchen bloß,
und plötzlich ist er riesengroß.

Auch ich, ich wachse Stück für Stück,
welch ein Wunder, welch ein Glück.
Ich schaue zu und staune dann,
wie schnell ich größer werden kann.
Wie groß ich werde, bleibt verborgen,
dafür wird die Natur schon sorgen.
Ich wachs und wachs ein Stückchen bloß,
und plötzlich bin ich riesengroß.

## Auswertung

Anhand von Bildern können die Kinder das Wachsen der Pflanzen, Tiere und Menschen bestaunen und eigene Erfahrungen im Gespräch austauschen.
Zum Schluss pflanzt jedes Kind einige Sonnenblumenkerne ein und beobachtet über einen längeren Zeitraum das Wachsen seiner eigenen Pflanze.

# Den Wald entdecken
## (eine Ideensammlung)

## Motivation
♦ Entdeckergeist und Neugier stärken
♦ Abbau von Angst vor dem Wald
♦ Verbesserung der Orientierung

## Hinweis

Die Erzieher/-innen, die die Kinder an diesem Tag begleiten, sollten sich selbst in dem Wald gut auskennen. Jedes Kind muss wetterfest und mit Stiefeln bekleidet sein und einen kleinen Rucksack für den Proviant mitbringen. Die Erzieher/-innen sollten zusätzlich mit Verbandszeug, Strümpfen zum Wechseln, Handtüchern, Taschentüchern und Toilettenpapier ausgerüstet sein. Sicher ist sicher.

Worüber wir staunen ...

## Materialien

Augenbinden, Pfeife, Kerze, für jede Gruppe ein Waldbuch und ein Stift, Symbolkarten, die die Gruppen kennzeichnen, Sicherheitsnadeln zur Befestigung der Symbolkarten, Sammeltüten, kleine Schüppen, Gläser, Lupen

## Ablauf

8–10 Kinder werden in zwei Gruppen aufgeteilt, z.B. Blattgruppe und Pilzgruppe. Sie bekommen ein Erkennungsschild, welches an ihrer Kleidung befestigt wird. Gemeinsam mit den Erzieherinnen gehen sie zu einem Treffpunkt. Dieses kann ein alter Baum, eine Lichtung, ein Holzhaufen sein. Ein Zeitpunkt für das nächste Treffen wird abgemacht, und die Gruppen gehen getrennt mit ihrer jeweiligen Begleiterin durch den Wald. Beide Gruppen sind mit Sammeltüten, Lupen, kleinen, ungefährlichen Messern und Gläsern und einem Waldbuch, welches die Erzieherinnen einige Tage vorher zusammengestellt haben, ausgestattet. Die Kinder sollen mit Hilfe des Waldbuches kleine Aufgaben erfüllen.

# Fragen, Aufgaben und Bilder, die die Kinder in ihrem Waldbuch finden können

Suche etwas Buntes und Leichtes!
Suche etwas Kleines und Zackiges!
Suche etwas Rundes und Braunes!
Suche etwas Langes und Schweres!
Ich sehe was, was du nicht siehst
und das ist …
Ich höre was, was du nicht hörst
und das ist …
Ich fühle was, was du nicht fühlst
und das ist …

Fühlstraße: Die Kinder gehen barfuß eine Strecke und erraten den Untergrund z.B. Laub, Moos, Tannennadeln. Auch diese Materialien werden im Waldbuch aufgeklebt.
Suche den Baum zu diesem Blatt!
Suche den Baum zu dieser Frucht!
Suche etwas Matschiges, Weiches oder Nasses!
Suche etwas Stacheliges!

## Tierrätsel

Wer bin ich?
Ich bin der Größte hier im Wald.
Ich lebe im Rudel.
Ich trage ein Geweih, das ich jedes Jahr
im Februar abwerfe.
Während der Paarungszeit hört man
mein lautes Röhren.
( Hirsch)

Wer bin ich?
Ich halte meinen Winterschlaf
unter dem Laub.
Ich habe ein Kleid aus Stacheln.
Ich fresse Insekten.
Bei Gefahr werde ich zu einer Kugel.
(Igel)

Wer bin ich?
Ich haue mit dem Schnabel in den Baum.
Mein Schlagen hörst du schon von weitem.
Ich bin ganz klein.
Ich kann fliegen.
Ich habe Kletterfüße.
(Specht)

Wer bin ich?
Ich wälze mich gern im Schlamm.
Den trockenen Schlamm reibe ich
an den Bäumen ab.
Ich fresse gerne Baumfrüchte und
Knollen.
Meine Kinder heißen Frischlinge.
(Wildschwein)

## Ein Trimm-dich-Pfad im Wald

1. Über Baumstämme balancieren
2. Über Baumstämme springen
3. Über einen Baumstammhaufen gehen
4. Über Blätterhügel, Pfützen, Bäche
   springen usw.

## Schleichpfad

Die Kinder gehen schleichend und ohne zu
sprechen eine Strecke. Alle Geräusche, die
sie auf dieser Strecke hören, werden am
Ende der Strecke genannt.

21

## Baumfangen und Waldschlange

Die Kinder gehen frei durch den Wald. Hören sie ein Signal, z. B. eine Pfeife, laufen sie zu einem Baum und berühren ihn. Das Kind, das als letztes einen Baum berührt, geht hinter der Erzieherin her. So wird eine Waldschlange gebildet. Sind alle Kinder in die Waldschlange eingereiht, zieht sie durch den Wald. Ertönt wieder ein Signal, löst sich die Schlange auf und jeder läuft wieder zu einem Baum. Das Spiel kann von vorn beginnen.

An einem ausgemachten Treffpunkt können die Gruppen von ihren Erlebnissen berichten. Danach wird ein Waldpicknick gemacht und in der Pause kann die folgende Reimrategeschichte erzählt werden, zu der die Kinder jeweils das fehlende Wort ergänzen:

In dem Wald, gleich hinterm Haus,
ja, da kenn ich mich gut … *(aus)*.
Ich spiele dort so manchen Tag,
weil ich die Stille hier so … *(mag)*.
Ich treffe Rehe und auch Hasen,
die in dem frischen Grün dort … *(grasen)*.
Ich höre Vögel lieblich singen,
die mir ein kleines Ständchen … *(bringen)*.
Ich sammel Beeren und auch Moos,

dieser Wald, der ist sehr … *(groß)*.
Ich treff den Förster und den Hund,
mit ihm verbring ich manche … *(Stund)*.
Von dem Hochsitz kann ich sehn
stolz einen Hirsch zur Lichtung … *(gehn)*.
Im Wald, da kann sich viel verstecken,
immer gibt's was zu … *(entdecken)*.
Am Abend geh ich froh nach Haus,
ja, in dem Wald kenn ich mich … *(aus)*.

### Abschluss
Aus den gesammelten Waldschätzen können die Kinder gemeinsam ein Mandala legen. Eine Kerze wird in die Mitte gestellt und angezündet. Zum Schluss können alle Gott in einem Lied oder Gebet für dieses gemeinsame Erlebnis danken.

# Gärtner Zwiebel
## (Den Garten durch Spiele und Experimente entdecken)

## Motivation
♦ Freude am gemeinsamen Entdecken und Experimentieren
♦ Sensibilisierung für das direkte Umfeld
♦ zielgerichtetes Einsetzen der Sinne

## Materialien für acht Kinder
Vier Schuhkartons (Fühlkästen), vier Jogurtbecher mit Deckel (Riechdosen), vier kleine Säckchen (Riechsäckchen), 8 kleine Schaufeln und Eimer, einige Lupen und Weckgläser, ein großer Karton, für jedes Kind Stiefel, alte Gartenzeitschriften, Klebe, ein Bogen Pappe, Scheren

## Vorbereitung
Alle Materialien liegen griffbereit in dem Raum, in dem das Angebot stattfinden soll. Die Erzieherin trifft sich dort mit bis zu acht Kindern und stellt folgendes Rätsel:

## Wer ist das?

Er geht sehr gerne in den Garten,
wo die Blumen auf ihn warten.
Er hackt und harkt, er mäht das Gras,
komm, sag mir schnell, wer ist wohl das?

Die Kinder tragen im Gespräch zusammen, was sie über die Arbeit eines Gärtners wissen. Mit Hilfe der Gartenkataloge, Scheren und Klebe wird eine Collage dazu erstellt. Die folgende Geschichte leitet zu einer Gartenrallye über.

# Worüber wir staunen ...

Gärtner Zwiebel besitzt seit einigen Jahren eine Gärtnerei, in der es immer viel zu tun gibt. Herr Zwiebel verkauft nicht nur schöne Blumensträuße, er zieht auch Pflanzen für den Garten, beschneidet Bäume, setzt Gemüsepflanzen in den Boden, bepflanzt Parkanlagen und steckt Blumenzwiebeln in die Erde. Gärtner Zwiebel hat neben der Gartenarbeit noch ein wunderschönes Hobby. Er sitzt sehr gerne unter dem Kirschbaum, hört den Vögeln zu und errät ihre Namen. Doch da seine Gärt-

nerei die einzige im ganzen Umkreis ist, hat er täglich viel zu tun und immer weniger Zeit den Vögeln zuzuhören. Manchmal kommt er wochenlang nicht dazu. Eines Tages, als ihm die Arbeit wieder einmal über den Kopf wächst, beschließt er, einen Gehilfen einzustellen. Doch es ist gar nicht so einfach, jemanden zu finden, denn ein Gärtner muss sich gut in der Natur auskennen. Er muss harken, graben und hacken können. Weiterhin sollte er geschickte Hände, gute Augen und eine gute Nase und vor allen Dingen viel Spaß an der Arbeit haben. Gärtner Zwiebel setzt eine Anzeige in die Zeitung. Darin steht:

> Suche einen Hilfsgärtner
> mit geschickten Händen,
> einer guten Nase, guten Augen
> und sehr viel Liebe zur Natur.

Schon am nächsten Tag meldet sich jemand. Doch den kann Gärtner Zwiebel nicht gebrauchen, denn er macht sich nicht gern seine Hände an der Blumenerde schmutzig. Auch an den anderen Tagen melden sich immer wieder Leute, doch der eine kann die Blumen nicht riechen und muss sofort niesen, der andere kann die Farben rot und grün nicht unterscheiden und so weiter. So muss Gärtner Zwiebel seine Arbeit weiter allein machen.

Eines Morgens melden sich viele Männer und Frauen bei Gärtner Zwiebel. Alle wollen Gärtnergehilfe werden. Was soll Zwiebel nur machen, wen soll er nehmen? Da hat er eine Idee. Die Bewerber müssen an einer Gartenrallye teilnehmen und dabei einige Aufgaben erfüllen. Wer dabei die wenigsten Fehler macht, soll sein Gehilfe werden. Alle sind damit einverstanden, und ausgerüstet mit Spaten, Eimern, Gläsern und Kartons gehen sie gemeinsam in den Garten. Dort müssen sie den Gartenboden untersuchen, Blumen zuordnen, Obst am Geschmack erkennen und Gartengeräusche erraten. Alle haben dabei viel Spaß, und Gärtner Zwiebel ist erstaunt, wieviel die Einzelnen wissen. Doch Helfer kann nur einer werden. Am Schluss der Rallye sind die Teilnehmer sehr gespannt. Wer wird ab morgen in der Gärtnerei mithelfen? Gärtner Zwiebel bedankt sich bei allen und nennt den Sieger. Es ist Melissa Tulpe. Sie kann ab Morgen dem Gärtner Zwiebel behilflich sein. Melissa freut sich, denn schon immer war es ihr Wunsch, Gärtnerin zu werden. Nun teilen sich beide die Arbeit, und Gärtner Zwiebel hat auch wieder Zeit, sich unter den Kirschbaum zu setzen und den Vögeln zu lauschen. Sein Leben ist wieder in Ordnung.

## Auswertung

Die Kinder machen nun auch eine Gartenrallye. Ausgerüstet mit Eimern, Schaufeln, Lupen, Gläsern, einem Karton und Stiefeln gehen sie hinaus in den Garten. Wenn kein Garten vorhanden ist, kann eine Wiese oder ein Feld untersucht werden. Hier können sie vorsichtig die Erde untersuchen und Erdschätze sammeln, still unter einem Baum sitzen und Geräuschen zuhören, Blumen suchen, sie erkennen und benennen, Obst mit geschlossenen Augen schmecken, Blumenzwiebeln pflanzen, harken, hacken, säen und viele Dinge mehr. Zum Andenken kann jedes Kind einen Gärtnerhut, gefaltet aus Zeitungspapier, bekommen.

# Frühling, Sommer, Herbst und Winter
## (ein Spiellied)

Früh-ling, Som-mer, Herbst und Win-ter sind gar wirk-lich net-te Kin-der. Ha-ben uns so viel zu schen-ken, wol-len froh durchs Jahr uns len-ken. La, la, la, la, la, la, la. 1. Der Früh-ling, der bringt uns zum Glück, die bun-ten Vö-gel nun zu-rück. Er schenkt uns war-men Son-nen-schein und lässt uns wie-der drau-ßen sein.

*D.C. al Fine*

1. Der Frühling, der bringt uns zum Glück,
   die bunten Vögel nun zurück.
   Er schenkt uns warmen Sonnenschein
   und lässt uns wieder draußen sein.
   *(Begleitung mit kleinen Glöckchen)*

*Refrain: Frühling, Sommer …*

2. Der Sommer schenkt uns allerhand,
   er bringt die Hitze in das Land.
   Auch schenkt er uns die Blumenwelt,
   die Jung und Alt sehr gut gefällt.
   *(Begleitung mit Schellenring)*

*Refrain: Frühling, Sommer …*

3. Der Herbst bringt uns manchen Regen,
   schenkt uns reichlich Erntesegen.
   Er macht die Blätter rot und gelb,
   verzaubert unsre schöne Welt.
   *(Begleitung mit Klangstäben)*

*Refrain: Frühling, Sommer …*

4. Der Winter kommt mit Schnee und Eis,
   die Erde, sie wird kalt und weiß.
   Wir machen eine Schneeballschlacht,
   die uns dann Spaß und Freude macht.
   *(Begleitung mit Holzblocktrommel)*

*Refrain: Frühling, Sommer …*

## Motivation
- nachdenken, bewusst machen der vielen Natur-Geheimnisse
- bewusst machen der Jahreszeiten, entdecken der jahreszeitlichen Veränderungen
- Gemeinschaft im Tanz erleben

## Material
Dinge, die die einzelnen Jahreszeiten kennzeichnen, z.B.
Frühling – Vogelnest
Sommer – Sonnenbrille
Herbst – Kastanie
Winter – Mütze
Kopfschmuck für Frühling, Sommer, Herbst und Winter, eventuell Umhänge aus Krepp-papier; einige Orff-Instrumente, die die einzelnen Jahreszeiten zum Klingen bringen können.

Worüber wir staunen ...

## Einstieg

Acht Kinder sitzen im Kreis. Mit Hilfe der Materialien wird über die Besonderheiten der einzelnen Jahreszeiten gesprochen (Was schenken sie uns? Woher kommen diese Geschenke? usw.) Danach können Text und Melodie erarbeitet werden.

## Abschluss

Die Kinder werden in zwei Gruppen aufgeteilt. Die eine Gruppe bekommt den Kopfschmuck und gestaltet einen kleinen Tanz, die anderen vier Kinder begleiten dieses Spiellied mit Orff-Instrumenten.

# Erst weiß wie Schnee, dann grün wie Klee
## (eine Geschichte, die klingt)

## Motivation

- Sensibilisierung für Vorgänge in der Natur
- Erfahrungen austauschen, verbalisieren
- Vertiefung von Kenntnissen
- Sensibilisierung der auditiven Wahrnehmung

## Materialien

Auswahl an Orff-Instrumenten, ein Bogen weißes Tonpapier, ein brauner, dicker Filzstift, eine kleine Schale mit Kirschen (abgedeckt)

## Ablauf

Zehn Kinder sitzen im Kreis. Die Erzieherin malt einen Baum mit vielen Ästen und Zweigen auf das Blatt.
Während gemalt wird, können die Kinder das Gemalte erraten. Anschließend wird die Geschichte erzählt.

Nach dem ersten Hören werden die Orff-Instrumente entsprechend verteilt und eingesetzt. Verklanglicht werden Baum, Sonne, Bienen, Blüten, Blätter, Regen, Wind, die süßen Früchte, Vögel, das Geschepper der Menschen, das Pflücken.

In dem großen Garten hinter unserem Haus steht ein kräftiger Baum. Ich glaube, er ist schon sehr alt. Stolz breitet er seine Äste aus, um allen zu zeigen wie schön er ist. Er ist etwas ganz Besonderes, denn er hat ein Geheimnis. Er trägt eine Frucht, die er lange versteckt hält und nicht zeigt.

Im Frühling, da macht er die Menschen neugierig. Er trägt ein wunderschönes weißes Blütenkleid. Unzählige Blüten, so weiß wie Schnee, schmücken seine Äste und Zweige. Viele Bienen kommen täglich zu ihm, um seine Blüten zu bestäuben. Es ist ein Summen und Surren in dem Baum, wie zu keiner anderen Jahreszeit. Fleißig fliegen die Bienen ein und aus, bis die Sonne untergeht.

Im Sommer dann trägt er ein grünes Blätterkleid und unzählige kleine, grüne, runde Früchte, die noch wachsen müssen. Die Sonne hilft dabei, sie spendet Wärme, damit die kleinen Früchten größer und größer werden. Auch der Regen tut, was er kann. Er versorgt den Baum mit Wasser. Der Wind schaut nicht nur zu, er schaukelt die kleinen Früchte hin und her. Sie halten sich an den Ästen fest und spüren, dass sie täglich stärker werden.

Erst im späten Sommer lüftet er sein Geheimnis. Von weitem kann man schon erkennen, welche wunderbaren Früchte dieser starke Baum trägt, denn nun strahlt er leuchtendrot. Dadurch werden viele Vögel angelockt, die unentwegt an den süßen Früchten naschen. Darüber sind die Menschen gar nicht froh. Mit lautem Geschepper verjagen sie die Vögel. Doch dann ist es so weit. Es kann geerntet werden. Mit Leitern und Körben werden die roten süßen Früchte vorsichtig gepflückt und auf dem Markt oder in den Geschäften verkauft. Mmhh, die schmecken süß, und man kann aus ihnen köstliche Sachen machen.

Weißt du, um welche Frucht und um welchen Baum es sich handelt?

## Auswertung

Zum Schluss verzehren die Kinder gemeinsam die bereit gestellten Kirschen. Die Kirschkerne werden getrocknet und zum Füllen von Fühlsäckchen verwendet.

# Die kleine Schnecke
## (eine Versgeschichte)

## Motivation
♦ den kleinen Lebewesen Beachtung schenken
♦ die Augen für „unscheinbare" Dinge öffnen
♦ Behutsamkeit lernen
♦ Entdeckergeist wecken

## Ablauf
Dieses Angebot kann draußen stattfinden, vor einer Hecke. Falls in der näheren Umgebung keine Hecke aufzufinden ist, kann die Erzieherin aus mehreren Ästen und Zweigen ein dichtes Geflecht hergestellen, das eine Hecke symbolisiert.
8–10 Kinder betrachten die Hecke und überlegen, was dort so alles verborgen sein könnte. Anschließend liest die Erzieherin das Schneckengedicht.

Neugierig ist die kleine Schnecke,
sie kriecht langsam durch die Hecke,
denn dort gibt es viel zu sehen,
dort kann sie gut spazieren gehen.

Die Hecke, sie ist dicht und grün,
da kann sie niemand so schnell sehn.
Da kann sie sich gut verstecken,
da kann niemand sie entdecken.

Geheimnisvoll ist diese Hecke,
so denkt sich oft die kleine Schnecke,
sie kriecht und schaut, sucht hier und da,
entdeckt dabei ein Vogelpaar.

Die Schnecke sieht die Vögel brüten,
sie müssen die Eier gut behüten.
Weil sie dabei nicht stören will,
kriecht sie fort, ganz leis und still.

Die Schnecke schaut noch hier und dort,
die Sonne geht jetzt auch schon fort.
Ganz langsam kriecht sie nun zurück,
sie kommt nur vorwärts Stück für Stück.

Morgen will sie noch mal gehen,
um dann wieder nachzusehen.
Denn in der Hecke findet man,
was man von fern nicht sehen kann.

Zufrieden schläft die Schnecke ein,
zieht sich zusammen, macht sich klein.
Die Hecke ist geheimnisvoll,
so eine Hecke, die ist toll.

## Auswertung

Die Kinder bekommen den Auftrag, auf ihrem Nachhauseweg auf Schnecken zu achten und möglichst je eine Schnecke mitzubringen. Dabei müssen sie natürlich vorsichtig und behutsam mit den Tieren umgehen. Die Erzieherin sollte Vorsorge treffen und einen großen Pappkarton mit Gras, Ästen, Tannenzapfen, einige Steinen, Salatblättern und Äpfeln bereithalten. Die Schnecken können einige Tage zur Beobachtung in dem Pappkarton gehalten werden. Gemeinsam wird nun das Kriech- und Fressverhalten der Tiere ergründet. Besonders schön für so eine Beobachtungsphase ist ein Terrarium. Dort hinein packt man verschiedene Erdschichten z.B. Sand, Erde und eine Grasnabenschicht. Hölzer, Steine, ein Tontopf bilden Kriechhindernisse für die Schnecke. Das Gras sollte täglich angefeuchtet werden.

# Jeder Mensch sieht anders aus
## (ein Vers zum Mitspielen)

## Motivation
♦ den Blick öffnen für den anderen Menschen
♦ sensibel werden für die Andersartigkeit des Mitmenschen
♦ die Vielfalt als etwas Staunenswertes erleben

## Material
Bilder aus Illustrierten, auf denen die Verschiedenartigkeit der Menschen zu sehen ist (Alter, Hautfarbe, Geschlecht usw.)

## Ablauf
Die Kinder betrachten die verschiedenen Bilder und versuchen die Menschen zu beschreiben. Dabei sollen sie auf die Unterschiede eingehen.

Jeder Mensch sieht anders aus,
jeder hat ein eignes Haus,
der eine hat 'nen Lockenkopf,
der andre, der trägt 'nen Zopf.
Nasen gibt es, schaut gut hin,
sie sind lang, dick oder dünn.
Die Augen sind sehr häufig rund,
und jeder Mensch hat einen Mund.
Beine, Hände und 'nen Bauch,
die hast du, *(auf ein anderes Kind zeigen)*
die hab ich auch. *(auf sich zeigen)*
An mir, da gibt's viel zu entdecken,
manches, das will ich verstecken.

Innendrin in meinem Haus,
kenn ich mich leider nicht gut aus.
Ich hab ein Herz und einen Magen,
was noch, kannst du mir das mal sagen?
*(auf einen anderen zeigen)*
Geheimnisvoll sieht's in mir aus,
ja, ich mag mein schönes Haus.
Bei jedem gibt's viel zu entdecken,
keiner braucht sich zu verstecken.
Auch bei dir gibt's was zu sehn,
*(auf ein Kind zeigen)*
ich finde, du bist wunderschön.
*(auf ein anderes Kind zeigen)*

## Auswertung

Jedes Kind kann etwas über sich, über seinen Körper erzählen. Auch Dinge, die Kinder gerne über ihren Körper wissen möchten, können zur Sprache kommen. Danach kann sich jeder unter dem Motto „Jeder Mensch sieht anders aus" malen. Die Bilder können an eine Wand gehängt werden, so dass sich die Kinder täglich betrachten können.

Aus dem vorhandenen Bildmaterial kann eine Bildcollage erstellt werden. Um die Wahrnehmung zu schärfen, können die Kinder auch gegenseitig Porträts von sich malen. Ein Kind sitzt „Modell", das andere malt!

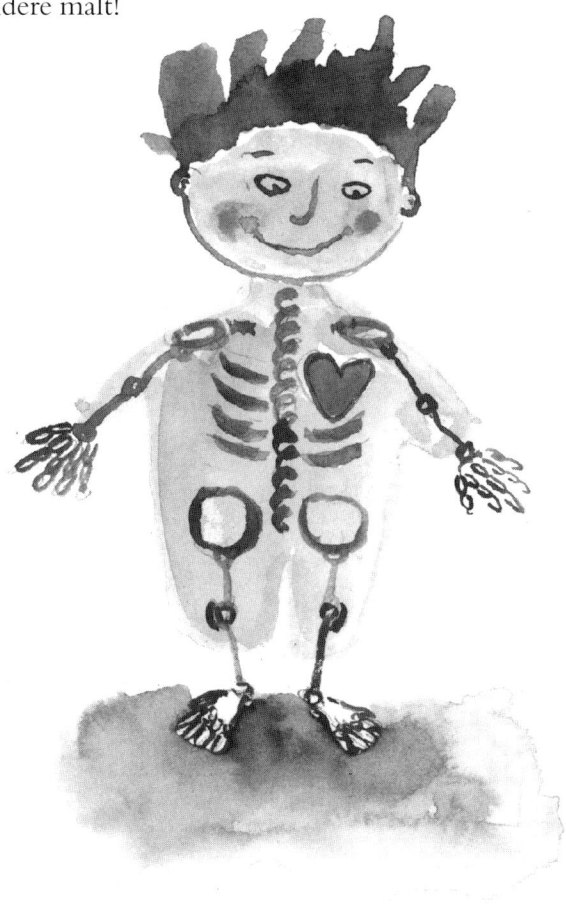

# Lachen, weinen, wütend sein ...

Schon im Säuglingsalter lachen Babys und bezaubern damit die Erwachsenen. Ein herzliches, freies und ungehemmtes Lachen eines Kindes kann Berge versetzen und ansteckend wirken. Lachen ist Medizin, so sagt es schon der Volksmund. Obwohl viele Menschen dieser schlichten Weisheit zustimmen, lässt der Alltag zum herzlichen Lachen oft wenig Platz.

Der Kindergarten sollte deshalb ein Ort sein, in dem es jede Menge Grund gibt, miteinander zu lachen und fröhlich zu sein. Glücklich sein, sich wohl fühlen, lachen gehört zu einem gesunden Alltag von Kindern, aber auch negative Gefühle gehören zum Menschen. Kinder müssen lernen, mit Traurigkeit, Wut, und Enttäuschung umzugehen und diese nicht in Aggressionen gegen sich selbst oder gar gegen andere auszuleben.

Der Kindergarten kann Kindern durch vielerlei Angebote helfen, sich die Vielfalt ihrer Gefühle bewusster zu machen, sich selbst und andere besser zu verstehen und den Umgang mit den eigenen Gefühlen zu erproben.

Insbesondere in Rollenspielen, in Märchen und Geschichten können Kinder Gefühle ausleben und in der Reflexion eigene Lösungsstrategien zum Umgang mit diesen Gefühlen entwickeln.

Gemeinsam ist es oft viel leichter, negative Gefühle abzubauen, um positiven Gefühlen Platz zu machen. Es ist für manche Kinder sehr wohltuend, zu spüren, dass auch andere mit belastenden Gefühlen wie z. B. Wut, Trotz oder Trauer zu kämpfen haben.

Die wichtigste Entdeckung die Kinder im Kindergarten machen sollten: Auch wenn ich negative Gefühle habe und zeige, werde ich akzeptiert und gemocht!

# Komm mit mir nach Kitzelhausen
## (eine kitzlige Mitmachgeschichte)

## Motivation
♦ gemeinsam lachen steckt an
♦ lachen befreit

## Material
ein rundes Blatt mit einem lachenden Gesicht, Stühle, Malpapier, Schere, Stifte und Holzunterlagen

## Vorbereitung
Es wird ein Stuhlkreis gestellt. Das runde Blatt liegt verdeckt in der Mitte. Haben sich die Kinder im Stuhlkreis versammelt, wird das Blatt umgedreht. Mit Hilfe dieses Impulses wird ein Gespräch über das Lachen initiiert. (Worüber könnt ihr lachen, habt ihr euch schon mal so richtig kaputtgelacht?) Die Kinder können über eigene Erlebnisse berichten. Danach erzählt die Erzieherin die Geschichte von Kitzelhausen. Alle Bewegungen werden pantomimisch dargestellt und bei dem Wort Kitzelhausen kann jeder seinen Nachbarn kitzeln.

Heute ist ein schöner Tag. Die Sonne scheint *(eine Sonne mit den Händen zeigen)* und ich möchte eine Radtour nach Kitzelhausen *(den Nachbarn kitzeln)* machen. Ich geh zum Schuppen und hole mein Fahrrad. Geschwind wie der Wind trampele ich *(auf dem Stuhl sitzend Trampelbewegungen machen)* nach Kitzelhausen *(den Nachbarn kitzeln)*. Puh, ich komme ganz schön ins Schwitzen *(mit der Hand über die Stirn gehen)*. An der Ecke ist ein Kiosk. Ich steige vom Rad, laufe zum Kiosk *(laufen)* und hole ein Eis. Mmmmhh, es schmeckt gut *(lecken)*. Nun muss ich weiter. Ich steige auf und trampele *(trampeln)* nach Kitzelhausen *(den Nachbarn kitzeln)*. Doch der Weg ist weit. In der Ferne sehe ich einen See *(Hand an die Stirn legen)*. Schnell strampele ich dorthin *(trampeln)*. Mein Rad stelle ich an einen Baum, ziehe mich aus *(pantomimisch spielen)*, ziehe mein Badezeug an *(pantomimisch spielen)*, springe hinein und schwim-

me einige Runden in dem kühlen See *(Schwimmbewegungen machen)*. Doch dann denke ich wieder an Kitzelhausen *(den Nachbarn kitzeln)* und schwimme schnell zum Ufer *(Schwimmbewegungen machen)*, trockne mich ab *(pantomimisch spielen)*, ziehe mich an *(pantomimisch spielen)* und radle, so schnell ich kann *(trampeln)*, nach Kitzelhausen *(den Nachbarn kitzeln)*. Die Sonne brennt und ich schwitze *(mit der Hand über die Stirn gehen)*. Da komme ich an einem Schild vorbei. Darauf steht: Kitzelhausen drei km *(den Nachbarn kitzeln)*. Bin ich froh, bald habe ich es geschafft. Schnell trampele ich weiter *(trampeln)*. Da, in der Ferne *(mit dem Finger in eine Richtung zeigen)* sehe ich den Kirchturm von Kitzelhausen *(den Nachbarn kitzeln)*. Beim trampeln denke ich nur: Kitzelhausen, Kitzelhausen, Kitzelhausen *(den Nachbarn kitzeln)*. Endlich, nach einer langen und sehr heißen Radtour, bin ich in Kitzelhausen *(den Nachbarn kitzeln)* angekommen. Am nächsten Kiosk halte ich an und trinke eine kühle Flasche Limonade *(trinken)*. Den ganzen Nachmittag gehe *(gehen)* ich durch Kitzelhausen *(den Nachbarn kitzeln)* und schaue mir alles an. Es gibt hier viel zu sehen, schöne Geschäfte, Kirchen, Parks und einen Zoo. Erst am späten Abend fahre ich von Kitzelhausen *(den Nachbarn kitzeln)* zurück. Ich setze mich auf mein Rad und trampele *(trampeln)* langsam nach Hause. Zu Hause gehe ich sofort schlafen *(den Kopf auf die Hände legen)*, und was glaubt ihr, wovon ich träume? Natürlich von … *(Pause)* Kitzelhausen *(den Nachbarn kitzeln)*.

## Auswertung

Die Kinder malen und basteln ein lachendes Gesicht (Smily). Es soll sie daran erinnern, häufig und nach Herzenslust zu lachen. Die Geschichte kann in kürzerer Version immer mal wieder im Stuhlkreis erzählt und gespielt werden. Das lockert die Atmosphäre, falls die Stimmung mal etwas „schief hängt" oder trägt zu einem guten Tagesanfang bei.

# Erlebnisreisen in das Land der Gefühle

## Motivation
♦ unterschiedliche Gefühle und ihre Ausdrucksformen erleben
♦ Zulassen von Gefühlen
♦ Lösungsstrategien entwickeln

## Material
vier Karten mit je einem lachenden, wütenden, ängstlichen, weinenden Gesicht, für jedes Kind eine Sitzmatte

## Ablauf
Die Kinder sitzen im Kreis. Die Karten liegen verdeckt auf dem Boden. Das erste Gesicht wird umgedreht und gemeinsam wird über die in dem Gesicht zu sehende Stimmungslage gesprochen. So verfährt man auch mit den anderen Karten: es wird jeweils erarbeitet, worüber man wütend, traurig, glücklich oder ängstlich sein kann. Die Kinder werden danach zu kleinen Erlebnisreisen eingeladen. Nach jeder Reise erfolgt ein Gespräch.

## Stell dir vor, du bist ganz wütend

*Erzieherin (nach jedem Satz eine kurze Lesepause machen):* Setz dich bequem hin. Schließ deine Augen. Stell dir vor, du bist ganz wütend. Noch nie in deinem Leben warst du so wütend wie jetzt. Worüber bist du so wütend? Auf wen bist du wütend? Spürst du deine Wut? Tut sie weh? Wird dir dabei kalt oder warm? Was machst du, wenn du wütend bist? Was sagst du, wenn du wütend bist? Kannst du mit jemandem über deine Wut reden? Hilft dir jemand, um deine Wut los zu werden? Kannst du deine Wut hören? Was tust du, um nicht mehr wütend zu sein? Stell dir vor, deine Wut verschwindet nun langsam in dir. Ist sie ganz fort, so öffne deine Augen wieder.

## Stell dir vor, du bist glücklich

*Erzieherin:* Setz dich bequem hin. Schließ deine Augen. Stell dir nun vor, du bist ganz glücklich. Du bist noch nie so glücklich gewesen wie in diesem Moment. Was macht dich so glücklich? Wie fühlst du dich, wenn du so glücklich bist? Stell dir vor, du zeigst den Menschen dein Glück! Wie zeigst du ihnen, das du glücklich bist? Was machst du, wenn du so ganz glücklich bist? Spüre in dich hinein. Was sagst du, wenn du glücklich bist? Kannst du mit jemandem über dein Glück reden. Kannst du dein Glück sehen? Wie sieht deine Welt aus, wenn du glücklich bist? Kannst du dein Glück hören? Was tust du, um dein Glück zu behalten? Stell dir nun vor, das Glück breitet sich in dir aus. Macht es dich warm? Wenn sich das Glück in deinem Körper ausgebreitet hat, dann öffne die Augen.

## Stell dir vor, du bist ganz traurig

*Erzieherin:* Setz dich bequem hin. Schließ deine Augen. Stell dir vor, du bist ganz traurig. Noch nie warst du so traurig wie jetzt. Was macht dich traurig? Wie fühlst du dich, wenn du traurig bist? Geht es dir gut oder schlecht, wenn du traurig bist? Spürst du deine Trauer? Siehst du deine Trauer? Hörst du deine Trauer? Was sagst du, wenn du traurig bist? Zeigst du anderen Menschen deine Trauer? Tut Trauer weh? Kannst du mit jemandem über deine Trauer reden? Was machst du, um deine Trauer los zu werden? Tröstet dich jemand? Schick deine Trauer fort. Sie soll ganz aus dir verschwinden. Wenn du deine Trauer weit weg geschickt hast, kannst du deine Augen öffnen.

## Stell dir vor, du hast Angst

*Erzieherin:* Setzt dich bequem hin. Schließ deine Augen. Stell dir vor, du hast Angst. Noch nie in deinem Leben hattest du so viel Angst. Was macht dich ängstlich? Wie fühlst du dich, wenn du Angst hast? Spürst du deine Angst? Siehst du deine Angst? Hörst du deine Angst? Zeigst du den Menschen deine Angst? Tut Angst weh? Was machst du, um deine Angst los zu werden? Hast du jemanden, mit dem du über deine Angst reden kannst? Beschützt dich jemand? Schick deine Angst fort. Wenn sie nicht mehr da ist, dann öffne deine Augen.

### Auswertung
Zunächst pantomimisch, dann mit Lauten stellen die Kinder in kleinen Szenen Wut, Glück, Trauer und Angst dar.

# Tapsi, die Zaubermaus
## (eine zauberhafte Geschichte)

## Motivation
♦ sich der Tatsache bewusst werden, dass Gefühle sich im Aussehen des Menschen wiederspiegeln (rot vor Wut, blass vor Angst, niedergedrückt vor Enttäuschung)
♦ sensibel werden für Mimik und Gestik

## Material
ein großes Tuch, ein kleines Tuch, eine kleine graue Stoffmaus, kleinere Stoffreste in rot, weiß, gelb, grün, schwarz, blau, bunt, für jedes Kind eine Holzunterlage, Stifte, Papier, eine Lampe, acht Sitzmatten oder Kissen, Kassettenrecorder und ruhige, meditative Musik

## Vorbereitung/Ablauf
Der Raum wird verdunkelt und das Tuch in die Mitte gelegt. Die Lampe strahlt die Mitte an. Die Maus wird, mit einem Tuch abgedeckt, in die Mitte gelegt, die restlichen Tücher und das Malmaterial liegen griffbereit. Die Sitzmatten oder Kissen liegen in Kreisform.

Die Kinder nehmen auf den Sitzmatten oder Kissen Platz. Die Erzieherin stellt das unten abgebildete Rätsel vor; nachdem die Kinder es gelöst haben, können sie über eigene Erlebnisse mit Mäusen berichten. Dann erzählt die Erzieherin bei musikalischer Untermalung die Zaubergeschichte von Tapsi.

## Was ist das?
Sie hat ein weiches Kuschelfell,
ist klein und wie ein Blitz so schnell,
läuft durch den Keller, frisst den Speck,
doch wenn du kommst, dann ist sie weg.
(Maus)

## Tapsi

Kennst du Tapsi? Tapsi ist eine kleine Maus. Aber sie ist nicht wie jede andere Maus, Tapsi ist etwas ganz Besonderes. Sie hat ein kleines Geheimnis, und das hat sie bis heute noch keinem ihrer Brüder und Schwestern verraten. Was das ist, willst du wissen? Ja, dann komm mal mit. Ich stelle dir nun Tapsi vor. Komm, wir müssen sie erst einmal suchen. Schließ mal deinen Augen, dann wirst du sie leichter entdecken. *(Die Kinder schließen die Augen und vollziehen in ihrer Fantasie die Suche nach Tapsi nach.)* Tapsi ist eigentlich eine Kellermaus. Aber weil sie immer auf Entdeckungsreise geht, trifft man sie im Keller meistens nicht an. Sie ist mal hier und mal dort, und du musst schon ganz viel Glück haben, wenn du sie entdecken willst. Komm geh mit, wir suchen sie mal hinter dem Haus. Ich sehe sie auch hier nicht. Lass uns mal in den alten Schuppen gehen, vielleicht finden wir sie dort. Hier hätte Tapsi viele Verstecke. Aber wohin ich auch sehe, ich kann Tapsi nicht entdecken. Hast du sie schon gesehen? Ich glaube wir haben heute kein Glück. Tapsi hat sich so ein gutes Versteck ausgesucht, dass sie heute nicht zu finden ist. *(Die Erzieherin legt die Stoffmaus in die Kreismitte)* Da, ich glaube, ich sehe sie. Sie ist direkt vor dir. Siehst du sie auch. Öffne doch ein-mal deine Augen, dann kannst du sie bestimmt entdecken. *(Die Kinder entdecken die Maus, und nacheinander betrachten sie sie und fassen sie an)* Schau sie dir an! Sie hat ein weiches Fell und ist wunderschön. Nun erzähl ich dir, welches Geheimnis Tapsi hat. *(Die Maus wird wieder in die Mitte gelegt)* Tapsi ist eine besondere Maus. Sie ist eine Zaubermaus. Sie kann ihr Fell, so oft sie will, verändern. So wie Tapsi sich gerade fühlt, so verfärbt sich ihr Fell. Ist Tapsi wütend, wird ihr Fell rot wie eine Tomate. *(Ein rotes Tuch über Tapsis Körper legen)* Sonnt sie sich im warmen Sonnenschein und fühlt sich wohl, dann wird ihr Fell sonnengelb. *(Ein gelbes Tuch über den Körper legen)* Ist Tapsi traurig und hat viel geweint, dann wird sie blau. *(Ein blaues Tuch über das Fell legen)* Ist ihr kalt und fühlt sie sich einsam, dann wird Tapsi so weiß wie der Schnee. *(Ein weißes Tuch über das Fell legen)* So kann sie noch viel häufiger ihre Farbe wechseln. Will sie allein sein und nicht entdeckt werden, wird sie schwarz wie Kohle. *(Ein schwarzes Tuch über das Fell legen)* Freut sie sich ganz besonders über etwas, wird sie grün wie Gras. *(Ein grünes Tuch über das Fell legen)*

Doch sitzt sie in einer Ecke und träumt, dann wird sie wunderschön bunt.
*(Ein buntes Tuch über das Fell legen)*
Dann schimmert ihr Fell in den leuchtensten Farben, und Tapsi fühlt sich mausewohl. Nur wer genau hinschaut, kann Tapsis Zauberfarben sehen, sonst sieht sie einfach mausgrau aus wie alle Mäuse.
*(Alle Tücher wieder entfernen)*

## Auswertung

In einem Gespräch kann der Inhalt der Geschichte erarbeitet werden. Anschließend bekommen die Kinder den Auftrag, Tapsi in einer der genannten Farben zu malen und in einer erneuten Gesprächrunde den anderen Kinder zu erzählen, warum sie gerade diese Farbe gewählt haben.

# Spiele in der Dunkelheit
## (eine Ideensammlung)

## Motivation
♦ gemeinsam die Dunkelheit erleben
♦ Gefühle zulassen, die in der Dunkelheit entstehen
♦ sich vertraut machen mit der Dunkelheit
♦ Furcht verlieren
♦ Förderung des Tastsinns und Schärfung der Wahrnehmung

## Hinweis
Diese Spiele erfordern von den Kindern schon ein wenig Überwindung. Daher sollte man dieses Angebot nicht unvorbereitet angehen. Einige Tage vorher sollte das Thema „Dunkelheit" schon durch Bilderbücher (Hinweise finden sie im Literaturverzeichnis) und Gespräche erarbeitet worden sein. Dann können die Kinder, die sich stark genug fühlen, diese Spieleinheit miterleben.

## Lachen, weinen, wütend sein ...

Die Gruppe sollte am Tag des Angebots entscheiden, ob im Halbdunkel oder in totaler Dunkelheit gespielt wird. Man kann die Dunkelheit im Laufe der Spielangebote variieren. Die Taschenlampe kann jederzeit als Rettungsanker benutzt, d.h. angeschaltet werden, wenn ein Kind Angst bekommt.

### Raumvorbereitung
Für diese Spiele wählt man am besten einen Raum, der nahezu leer ist. Die Materialien stehen griffbereit in einer Ecke.

### Material
Tamburin, für jedes Kind eine Taschenlampe (können die Kinder von zu Hause mitbringen) mit Kordel, ein Korb mit verschiedenen Materialien zum Befühlen, für jedes Kind ein Stuhl, eine Triangel, Kassettenrekorder mit leichter, beschwingter Musik

### Ablauf
Die Kinder betreten im Hellen den Raum, damit sie sich davon überzeugen können, dass nichts in diesem Raum ist, woran sie sich verletzen, wovon sie erschreckt werden könnten. Im Hellen werden mit Hilfe des Tamburins Lauf- und Hüpfspiele zur Raumorientierung durchgeführt. Danach werden die Kinder darüber informiert, dass die folgenden Spiele in der Dunkelheit stattfinden. Jedes Kind bekommt zur eigenen Sicherheit eine Taschenlampe umgehängt, der Raum wird, soweit es die Kinder zulassen, verdunkelt.
*Hinweis:* Jedes Spiel muss genau erklärt werden, damit keine Unstimmigkeiten aufkommen oder die Kinder verunsichert werden.

1. Bei leichter Musik bewegen die Kinder sich im Raum, ohne sich zu berühren. In einem nachfolgenden Gespräch bei Taschenlampenlicht können die Kinder ihre Gefühle während des Spiels schildern.

2. Die Mädchen stehen auf. Sie gehen durch den Raum, ohne die Jungen zu berühren. Ein Signal (Triangel) fordert sie auf, sich hinzusetzten. Danach gehen die Jungen durch den Raum. *Auswertung:* Gespräch. *Variation:* Durch den Raum krabbeln, hüpfen, laufen, rückwärts gehen.

3. Alle Kinder bewegen sich auf ein Geräusch zu (Triangel). Sind sie dort ange-

kommen, bleiben sie stehen. Der Standort des Geräusches wird mehrfach verändert, die Kinder bewegen sich jeweils in Richtung des Geräusches.

4. Jedes Kind versucht vorsichtig, im Gehen ein anderes Kind zu fangen. Dann gehen sie gemeinsam durch den Raum. Ein Signal (Triangel) beendet das Spiel.

5. Die Kinder gehen durch den Raum und versuchen ein anderes Kind zu finden. Haben sie eines gefunden, so versuchen sie, das andere Kind durch Befühlen zu identifizieren. (mehrmals durchführen)

6. Die Kinder bilden eine immer länger werdende Kette und gehen gemeinsam mit der Erzieherin durch den Raum. Zum Schluss bilden sie einen Kreis und setzen sich.

## Abschluss
Der Raum wird erhellt, und es kann ein Gespräch über Gefühle, Eindrücke und Stimmungen stattfinden.

7. Der Korb mit den Fühlmaterialien wird geholt. Ein Kind nimmt einen Gegenstand heraus, befühlt ihn und gibt ihn an das nächste Kind weiter.
Wenn alle Kinder den Gegenstand befühlt haben, stellen sie im Gespräch Vermutungen an, worum es sich handelt. Das Spiel wird mehrere Male wiederholt.

8. Ein Kind bekommt einen Gegenstand. Es erfühlt ihn und beschreibt ihn dann den anderen Kindern. Diese versuchen ihn zu erraten.

9. Die Erzieherin tippt ein Kind an. Dieses gibt einen Piepton von sich. Die anderen Kinder versuchen, es an der Stimme zu identifizieren.

# Der Katze liebstes Plätzchen
## (eine Versgeschichte für Faulenzer)

## Motivation
♦ über eigene Rückzugsmöglichkeiten, Orte der Geborgenheit nachdenken
♦ Ruhe, Nichtstun genießen lernen
♦ den Wert des Entspannens kennen lernen

## Material
viele Holzbausteine, ein Abdecktuch, eine Stoffkatze, kleine Holzstücke und ein rotes Tuch oder Krepppapier, eine kleine Schüssel

## Vorbereitung
6–8 Sitzmatten werden in Kreisform angeordnet. In einer Raumecke liegen die Holzbausteine und steht die kleine Schüssel. Unter dem Abdecktuch in der Kreismitte liegt die Stoffkatze. Zum Einstieg kann die Erzieherin das nachfolgende Rätsel erzählen. Nach Auflösung des Rätsels wird die Stoffkatze auf das Tuch gesetzt. Gemeinsam wird überlegt und zusammengetragen, wie der Tagesablauf einer Katze aussieht, was sie gerne frisst, wo sie sich gern aufhält usw.

## Was ist das?
Sie schleicht leise durch das Haus,
die Mäuse nehmen schnell Reißaus.
Sie liegt ganz still in ihrer Ecke,
wird wütend, wenn ich sie dann wecke.
Sie streicht leise um mein Bein,
sie will mein Spielfreund heute sein.

Die Kinder bauen gemeinsam aus den Holzbausteinen einen Kamin. Symbolisch für das Feuer werden ein rotes Tuch und die kleinen Hölzer in den Kamin gelegt. Die Stoffkatze wird daneben gelegt. Die Kinder lauschen der Versgeschichte:

## Der Lieblingsplatz

In die Ecke, dort am Kamin,
schleicht gern unsere Katze hin.
Sie rollt sich ein und liegt ganz still,
weil sie nun etwas ruhen will.

Die Katze mag den warmen Ort,
von dort, da geht sie nicht mehr fort.
Sie liegt ruhig da und ruht sich aus,
nein, heute geht sie nicht mehr raus.

Eingerollt, so liegt sie da,
zufrieden sein ist wunderbar,
sie fühlt sich wohl, liegt faul herum,
so geht fast jeder Tag gut um.

Der Abend kommt, die Katze ruht,
ob sie wohl heut noch etwas tut?
Mit einem Mal kann man es sehn,
beginnt sie langsam sich zu drehn.

Sie reckt und streckt sich, gähnt und dann
– fängt sie leis zu schnurren an.
Sie läuft zum Fressnapf, schmatzt ganz laut,
während sie manchmal um sich schaut.

Der Napf ist leer, sie ist nun satt,
schon wieder ist sie müd und matt,
wo schleicht die Katze denn nun hin,
ach ja, natürlich – zum Kamin.

Dort liegt sie wieder, rollt sich ein,
das Leben könnt nicht schöner sein.
Die Katze macht die Augen zu,
sie gönnt sich ihre Katzenruh.

## Abschluss

In einem Gespräch können die Kinder von Orten berichten, an denen sie sich besonders
wohlfühlen. Anschließend können einzelne Kinder die Katze spielen. Dazu wird der Vers
erneut vorgetragen.

45

# Benjamin in der großen Stadt
## (eine Geschichte, die Mut macht)

## Motivation
♦ Ausdrücken von Gefühlen bei unangenehmen Erlebnissen durch Artikulation, Mimik und Gestik
♦ unangenehme Erlebnisse durch offene Gespräche verarbeiten
♦ Angst vor neuen Situation abbauen
♦ Vertrauen haben in die Hilfe anderer

## Material
Gefühlsmemory – auf je zwei Karten werden die gleichen Gesichter gemalt, die jeweils eine bestimmte Gefühlslage ausdrücken.

## Ablauf
Die Kinder setzen sich auf die bereit gelegten Kissen. Die Memorykarten werden verdeckt in die Kreismitte gelegt.
Ein Kind deckt zwei Karten um, benennt die auf der Karte zu sehenden Gesichtsausdrücke (traurig, fröhlich, wütend usw.). Passen die beiden Karten zueinander, so darf es zwei weitere Karten umdrehen. Passen die beiden Karten nicht zusammen, so darf das nächste Kind zwei Karten aufdecken usw. Wenn alle Kartenpaare zusammengestellt wurden, können sie paarweise wieder in die Kreismitte gelegt werden. Die Kinder können nun von Situationen berichten, in denen sie solche Gefühle erlebt haben. Danach wird die Geschichte erzählt.

Benjamin ist vor einigen Tagen mit seinen Eltern vom Land in die Stadt gezogen. Er wohnt nicht mehr wie früher in einem kleinen Haus zwischen Wiesen und Feldern, sondern in einem gößeren Haus zwischen vielen anderen Häusern. Benjamin ist von dem Umzug gar nicht begeistert. Er sitzt in seinem kleinen Zimmer, schaut durch das Fenster und hat Angst. So viele Autos, Häuser, Straßen und Menschen hat er noch nie gesehen. Deshalb beschließt er heimlich, die Wohnung nicht zu verlassen. Auch in den Kindergarten will er nicht gehen. Seine Mutter bemüht sich sehr, Benjamin zu einem Stadtbummel, zu einem Besuch im Zoo oder zu einem Schwimmbadtag zu überreden. Doch Benjamin will nicht.

Maike, seine Schwester, fühlt sich wohl in der Stadt. Oft kommt sie freudestrahlend nach Hause und berichtet vom Kinobesuch, vom Spielen im Park und von ihren vielen neuen Freunden. Sie will Benjamin mitnehmen. Doch er will nicht. Je mehr sie schwärmt, um so trotziger wird er. „Lasst mich doch alle in Ruhe!", heult er. Er wirft die Tür hinter sich zu und bleibt weiterhin in seinem Zimmer. Benjamin ist traurig. „Niemand versteht mich", flüstert er leise. Er weint und denkt dabei an sein altes Zuhause und die Freunde, die dort leben.

Tage und Wochen vergehen, und Benjamin ist noch nicht allein vor die Tür gegangen. So nach und nach wird es ihm zu Hause sehr langweilig. „Ich könnte es doch mal wagen unsere Straße anzugucken", denkt er. Er will jetzt ganz mutig sein. Seine Mutter ist gerade in der Küche, Maike hört in ihrem Zimmer Musik und sein Vater ist zur Arbeit. „Eine gute Gelegenheit", meint Benjamin und schleicht aus dem Haus.

O je, es ist ja furchtbar laut. Ängstlich schaut Benjamin sich um. Überall sind Autos und hastende Menschen. Doch Benjamin nimmt all seinen Mut zusammen und marschiert los. Er staunt, denn es gibt Vieles zu sehen. Er schaut sich die Geschäfte an und wundert sich über das tolle Spielzeug. Mit einem Mal schaut er sich um und kriegt einen Riesenschreck: „Wo bin ich nur?", fragt er sich. Alles kommt ihm fremd vor. Das Haus, in dem er wohnt, ist nicht mehr zu sehen. Benjamins Angst wächst. Hilfe suchend schaut er sich um, aber er kennt ja doch niemanden. Benjamin fängt an zu weinen und setzt sich auf eine Bank.

Plötzlich tippt ihm jemand auf die Schulter. Benjamin dreht sich um und entdeckt Maike. „Was machst du denn hier?", fragt sie verwundert. Benjamin ist erleichtert. Er drückt Maike ganz fest und erzählt ihr von seinem „Abenteuer". Maike tröstet ihn. „Jetzt bin ich ja da", sagt sie. Benjamin schmiegt sich an Maike und fühlt sich schon viel sicherer. „Soll ich dir die Stadt zeigen?", fragt sie. Benjamin nickt, und Hand in Hand schlendern die zwei durch den Park, essen Eis und gehen dann gemeinsam nach Haus. „So langweilig ist die Stadt doch nicht", sagt Benjamin und grinst verlegen. „Gehen wir morgen in den Zoo, Maike?"

## Abschluss

Die Kinder können nun über Benjamin sprechen und überlegen, welche Gefühle in dieser Geschichte angesprochen wurden. Sie können ihr Sitzkissen als „Gefühlskissen" benutzen und Empfindungen mit Hilfe des Kissens deutlich machen, z.B.:

Freude – das Kissen knuddeln

Wut, Trotz – in das Kissen boxen

Angst – das Gesicht im Kissen verstecken

Erleichterung – das Kissen in den Arm nehmen

Vertrauen – sich an das Kissen anschmiegen.

# Der Strandspaziergang
### (Körpermassage mit Materialien)

## Motivation

♦ Berührungsängste abbauen
♦ dem anderen gute Gefühle schenken
♦ Gefühle zulassen
♦ sich auf andere einstellen

## Materialien

Bei Teilnahme von 8 Kindern: 4 Decken, eine Duftlampe, ein Tuch, einige schöne Steine, Blüten, eine kleine Lampe, ein Kassettenrekorder, ruhige Musik, 4 Teelichte in einer Schale, Streichhölzer, 8 kleine Stöckchen, 4 Bierdeckel, 8 mit Sand gefüllte Luftballons, 4 feste Papprollen, ca. 24 kleine Stofftücher, 4 mittelgroße Steine, 4 kleine Weidenkörbe oder Schalen

## Raumvorbereitung

Der Raum wird erwärmt und verdunkelt. Der Mittelpunkt wird mit dem Tuch, der Duftlampe, den getrockneten Blüten oder Steinen gestaltet. Die Decken liegen in Kreisform um diese Mitte. Die vier kleinen Körbe, gefüllt mit je zwei Stöckchen, einem Bierdeckel, einer festen Papprolle, zwei kleinen, mit Sand gefüllten Luftballons, 6 kleinen Stofftüchern und einem Stein stehen neben den Decken. Der Kassettenrekorder, die Teelichte und die Streichhölzer stehen griffbereit.

### Ablauf

Die Kinder betreten ohne Schuhe den Raum. Sie werden von der Erzieherin eingeladen, in ihrer Fantasie ein Segelschiff zu besteigen, damit durch den Raum zu segeln und sich die Umgebung dabei anzuschauen. Wenn sie alles gesehen haben, was ihnen wichtig ist, so landen sie zu zweit auf einer Insel (Decke) und begrüßen sich. (bekanntes Begrüßungslied)

## 1. Lichterspiel

Die Teelichte werden angezündet. Immer zwei Kinder von einer Decke bringen zwei anderen Kindern auf einer Decke eine Kerze und sagen ihnen etwas Schönes. (Das Paar kann vorher besprechen, was es sagen möchte, z.B.: „Schön, dass ihr da seid".) Die Kinder, die das Licht bekommen haben, holen ein neues Licht, bringen es zwei anderen Kindern, sagen etwas Schönes. Dieses Spiel wird so lange durchgeführt, bis alle Kinder ein Licht vor sich haben.

## 2. Stille Meditation

Die Kinder können still bei ruhiger Musik den Bewegungen der Flamme zuschauen und ihre Gedanken spielen lassen. Sind sie dadurch zur Ruhe und Entspannung gekommen, bringen sie die Kerze zur Mitte.

## 3. Massageübung

Ein Kind liegt mit dem Rücken auf der Decke, das andere massiert es sanft mit den Materialien aus dem Korb. Anschließend tauschen die Kinder ihre Rollen und der Massagespaziergang wird wiederholt.
Die Erzieherin erzählt zur Massage eine Geschichte. Welche Materialien zur Massage eingesetzt werden, zeigt die Erzieherin, indem sie ein Kind gut sichtbar für die anderen massiert. Ruhige Musik läuft im Hintergrund.

„Wir wollen gemeinsam einen langen Strandspaziergang machen. Barfuß und mit sicherem Schritt spazierst du am Strand entlang. *(Jedes Kind nimmt zwei mit Sand gefüllte Luftballons und „marschiert" damit über den Körper des anderen Kindes)*
Nach einer Weile entdeckst du viele Krebse. In Windeseile krabbeln sie am Strand entlang. *(Mit den Stöckchen über den Körper des Kindes laufen)*
Ein leichter erfrischender Wind weht. *(Mit dem Bierdeckel wedeln)*
Du fühlst dich sehr wohl und läufst weiter durch den Sand. *(Mit zwei Sandsäckchen über den Körper laufen)*
Du bekommst Lust, im warmen Sand zu liegen und dich nach Herzenslust in ihm zu wälzen. Er ist weich und sehr schön warm. *(Mit der festen Papprolle über den Körper rollen)*
Du bleibst ruhig liegen und spürst wieder den Wind. *(Mit dem Bierdeckel wedeln)*
Es geht dir gut, und die Sonne deckt dich mit ihren warmen Strahlen zu. *(Mit kleinen Stofftüchern den Körper bedecken und liegen lassen)*
Mit einem Mal kullert etwas über deinen Körper. Du bleibst ganz still liegen und genießt dieses Gefühl. Es ist ein kleiner Stein. *(Einen Stein über den Körper rollen)*
Die Sonnenstrahlen verschwinden und die Dunkelheit bricht herein. *(Langsam die Tücher abnehmen)*
Nun wird es Zeit für dich, nach Hause zu gehen. Langsam machst du dich auf den Weg zurück. *(Langsam mit den Sandsäckchen über den Körper gehen)*
Der Wind weht jetzt kräftiger. *(Mit dem Bierdeckel wedeln)*
Und da es dunkel wird, läufst du schneller. *(Mit den Sandsäckchen schnell über den Körper laufen)*
Zu Hause angekommen fühlst du dich wohl und erfrischt von deinem Spaziergang."

## Abschluss

In einem Gespräch können die Kinder ihre Gefühle äußern, die sie bei der Massage empfunden haben.
Bei ruhiger Musik schließen sie noch für eine kurze Zeit die Augen und erinnern sich an den Strandspaziergang.

# Die Hexe Bitterbös
## (ein Märchen zum Nachdenken)

## Motivation
♦ sich der Bedeutug einer positiven Lebenseinstellung bewusst werden
♦ Hilfe von anderen annehmen können
♦ Lachen, Fröhlichkeit als wichtige Kraftquelle im Leben erkennen

## Material
Material vom Bauteppich (z.B. Bäume,
Klötze, Steine, Hölzer), ein grünes Tuch,
eine Lampe, Sitzkissen für jedes Kind

## Raumvorbereitung
Die Kissen werden zu einem Kreis gelegt.
Das Baumaterial liegt griffbereit.
Der Raum wird verdunkelt. Eine Lampe
sorgt für eine märchenhafte Atmosphäre.
Das grüne Tuch liegt in der Mitte.

## Ablauf
Die Erzieherin leitet mit folgendem kleinen
Vers zur Geschichte über.

Macht's euch bequem, ich lad euch ein,
mein Märchengast jetzt hier zu sein.
Ich erzähl eine Geschichte,
lauscht und hört, was ich berichte.
Eine Hexe wohnt im Wald,
sie ist böse und uralt.
Hört gut zu und seid nun still,
weil ich euch was erzählen will.

Mitten in einem dunklen Wald wohnt einsam und allein die Hexe Bitterbös. Bitterbös hat keine Freundin. Niemand mag sie, denn sie ist immer nur knurrig, brummig und böse. Den lieben langen Tag meckert sie herum. Selbst die Waldtiere nehmen Reißaus, wenn sie Bitterbös meckern hören. Nichts auf dieser Welt mag die Hexe. Über die Sonne kann sie den ganzen Tag nur schimpfen. Sofort, wenn sie hinter den Wolken hervor blinzelt, schließt Bitterbös alle Fenster und Türen, zieht die Vorhänge zu und sitzt dann im Dunkeln. Die Sonne ist ihr viel zu hell, zu heiß und zu groß. Der alte Kater Murmelbart ist der einzige, der es bei der Hexe aushält. Er ist fast schon genauso mürrisch. Er sitzt mit der Hexe zusammen in dem dunklen Zimmer, und dort knurren beide um die Wette. Doch hin und wieder reißt er aus, denn dann will er heimlich in der Sonne liegen. Er sucht sich ein verstecktes Plätzchen und genießt die warme Sonne. Die Hexe dagegen wird von Tag zu Tag brummiger, ihr Hexenbuckel immer krummer und ihr Gesicht immer runzliger. So vergehen die Jahre, und eines Tages fühlt Bitterbös sich richtig schlapp und krank. Sie hat keinen Hunger und auch keinen Durst. Auch ihren alten Kater will sie nicht mehr sehen. Bitterbös wirft den Kater aus dem Haus. Müde und völlig kraftlos schleppt sie sich ins Bett. Hier liegt sie nun und schläft viele, viele Tage. Der alte Kater Murmelbart aber bleibt in der Nähe und schaut jeden Abend heimlich nach der Hexe. Er sieht wie sie im Bett liegt und dort bitterlich stöhnt. Kater Murmelbart macht sich Sorgen. Er will Hilfe holen und läuft zur Hexe Wiesengrün. Sie ist gerade in ihrem Garten und gießt die Blumen. Sie kennt den Kater Murmelbart. Hin und wieder kommt er zu ihr und bekommt dann ein Schälchen mit Wasser. Kater Murmelbart miaut und streift der Hexe immer wieder um die Beine. Hexe Wiesengrün merkt, dass etwas nicht stimmt. Geht es wohl um die Hexe Bitterbös? Sie will nachschauen und läuft dem Kater hinterher. Was muss sie sehen? Die Hexe Bitterbös liegt völlig kraftlos in ihrem Bett. In dem Zimmer ist es stockdunkel und es riecht ein wenig muffig. Deshalb öffnet sie das Fenster. Bitterbös ist so kraftlos, dass sie gar nicht meckern kann. „Sie braucht die warme Sonne und frische Luft", sagt die Hexe Wiesengrün und schiebt Bitterbös' Bett an das Fenster. Die Hexe Bitterbös spürt die Sonne. Plötzlich wird ihr ganzer Körper warm, als hätte sie eine Wolldecke um. Bitterbös staunt. Das Gefühl mag sie. Die Sonnenstrahlen tun ihr gut. Erst nach vielen Stunden schließt die Hexe Wiesengrün wieder das Fenster. „Morgen komme ich wieder", sagt sie leise, „und schiebe dich an das Fenster." Die Hexe

Bitterbös glaubt zu träumen. Ihr geht es schon viel besser.

Am anderen Morgen wartet sie gespannt auf die Hexe Wiesengrün. Wiesengrün hat für die brummige Hexe einen wunderschönen bunten Blumenstrauß mitgebracht. Den stellt sie direkt neben ihr Bett. Bitterbös riecht den herrlichen Duft. Er macht sie ein wenig glücklich, so dass sie lächeln muss. Die Hexe Wiesengrün schiebt sie wieder ans Fenster, öffnet es und lässt die warme Sonne herein. „Es tut gut in der Sonne zu liegen", denkt Bitterbös. Für den Abend kocht Hexe Wiesengrün ihr eine kräftige, duftende Wiesenkräutersuppe. Die schmeckt köstlich. Als Hexe Wiesengrün die Fenster geschlossen hat und gehen will, flüstert Hexe Bitterbös leise: „Danke" und lächelt die Hexe Wiesengrün freundlich an. „Bis morgen", erwidert Wiesengrün und geht.

Am nächsten Morgen wartet Bitterbös auf Hexe Wiesengrün. Sie kann es kaum erwarten an das Fenster geschoben zu werden. Sie wartet und wartet, doch Wiesengrün kommt nicht. Da steht Hexe Bitterbös alleine auf. Vorsichtig setzt sie Fuß vor Fuß, geht zum Fenster, öffnet es und sieht die Sonne. Sie setzt sich auf einen Stuhl und genießt die Wärme. Sie spürt die Wärme in ihrem Körper ganz deutlich. Sie ist erstaunt, wie gut es ihr schon geht. Als sie so aus dem Fenster schaut, sieht sie Dinge, die sie bisher noch nie gesehen hat. Hexe Bitterbös kann kaum glauben, wie schön es vor ihrer Tür ist. Sie sieht bunte Blumen, Hasen, Wildschweine, sieht ein Reh und hört viele Vögel. Bitterbös lacht und ruft laut: „Endlich geht es mir wieder gut." O, jetzt hat Bitterbös sich zum ersten Mal beim Lachen erwischt, und das war sogar schön. Sie will nun immer lachen und die Sonne in ihr Haus lassen.

Hexe Wiesengrün lässt Bitterbös nicht im Stich. Sie kommt zu Besuch und hat heute extra einen Kuchen mitgebracht. Dazu kocht sie einen Spezial-Wiesengrün-Kräutertee und die beiden Hexen sitzen zusammen, essen, reden und lachen. „Lachen tut gut", sagt leise Hexe Bitterbös ...

## Auswertungsmöglichkeiten

Die Kinder legen eine Waldlandschaft und bauen aus den Klötzen ein kleines Hexenhaus. Aus Butterkeksen, Puderzuckerklebe und einigen anderen Süßigkeiten machen die Kinder sich ein Knusperkekshaus.

Die Hälfte der Kinder malt Bitterbös, die andere Wiesengrün. Im Vergleich der jeweiligen Bilder können sich Gespräche über die Geschichte entwickeln.

# Was wir schon alles können

Immer noch hält sich hartnäckig die Meinung, der „Ernst des Lebens", also das Lernen, beginne in der Grundschule. Dabei lernen die Kinder im Kindergarten schon so Vieles, was Grundlagen schafft für jedes weitere Lernen. Sie erwerben den sicheren Umgang mit Arbeitsmaterialien, können sich selbst Geschichten ausdenken, mit anderen in Kontakt treten, Regeln beim Spielen festlegen und einhalten, können Spiele und Regeln selbst erfinden, sind kreativ im Umgang mit Mal- und Bastelmaterial, hören einander zu und helfen sich gegenseitig. Die Liste der Fähigkeiten und Fertigkeiten von Kindergartenkindern ließe sich beliebig weit fortsetzen.

Aufgabe des Kindergartens ist es, den Kindern immer wieder die Möglichkeit zu geben, sich selbst zu erproben, über sich hinauszuwachsen, Bestätigung zu finden, Selbstvertrauen in das eigene Können zu entwickeln und sich selbst einschätzen zu können. Die folgenden Angebote sind dabei eine gute Hilfe und bieten Anregungen für den Alltag.

# Die Straßenkünstler
## (Spiel- und Bewegungsangebot)

## Motivation
- Experimentelle Entwicklung von Spiel-, Bewegungs- und Klettermöglichkeiten
- eigene Fähigkeiten erkennen
- Grenzen erfahren und tolerieren

## Material
eine Decke, ein großer Karton (mit vielen Bierdeckeln, Tennisbällen, Stäben, Dosen, Seilen, Schläuchen, Ringen, Flaschen), Matten, Matratzen, Bänke, Kästen (Getränkekästen) usw.

## Ablauf
Angeregt von der nachfolgenden Geschichte „Kai und die Straßenkünstler" können die Kinder selbst zu Straßenkünstler werden. Mit den angebotenen Materialien können sie experimentieren, erfinden und Kunststücke einüben, die sie den anderen Kindern vorführen. Vielleicht entwickeln die Kinder genug Ideen, um diese auf dem nächsten Kindergartenfest einem größeren Publikum vorzustellen …

Es sind Sommerferien, und Kai hat Langeweile. Da viele seiner Freunde im Urlaub sind, hat er niemanden zum Spielen. Deshalb geht Kai in die Stadt. Vielleicht gibt es dort etwas Interessantes zu sehen. Heute hat er Glück, denn auf dem Marktplatz sind Menschen, die turnen, balancieren, klettern und noch viele andere Kunststücke zeigen. Kai ist begeistert. So etwas hat er bisher nur im Zirkus gesehen. „Es sind Straßenkünstler", hört er eine Frau sagen, die auch interessiert zuschaut. Kai beobachtet die Männer und Frauen genau. Immer wieder fällt den Straßenkünstlern etwas Neues ein. Kai hätte nicht gedacht, das man mit einem Seil und einer Dose so viele tolle Sachen machen kann. Erst als die Straßenkünstler ihre Sachen zusammenpacken, geht Kai nach Hause.

Sofort sucht er im Keller und auf dem Dachboden nach Gegenständen, mit denen er turnen und spielen kann. Er ist begeistert von dem, was man in einem Haus so alles findet: Dosen, Seile, Tennisbälle, eine alte Leiter, ein Stück Schlauch, Hocker, alte Matratzen und vieles mehr. Kai trägt alle Sachen in sein Zimmer und macht daraus einen Turnraum. Hier will er nun üben, um einmal genauso gut zu sein wie die Straßenkünstler. Kai hat dabei viel Spaß und ist sehr erstaunt, welche Spielmöglichkeiten Dinge bieten, die unbenutzt und unbeachtet auf dem Boden oder im Keller liegen. Schon nach wenigen Tagen kann Kai Kunststücke, die er sich selbst beigebracht hat. Er ist stolz auf sich.

An einem warmen und sonnigen Nachmittag am Ende der Ferien veranstaltet Kai ein Straßenfest. Er lädt alle seine Freunde ein und zeigt ihnen, wie die Straßenkünstler auf dem Marktplatz, seine Kunststücke. Kai bekommt viel Applaus, und viele seiner Freunde wollen auch Kunststücke einüben. Schnell werden auch sie zu Straßenkünstlern und können Sachen machen, die sie sich am Tag zuvor noch nicht zugetraut hätten …

# Kunterbunte Traumgeschichten
### (eine Geschichte zum Geschichtenerzählen)

**Motivation**
- Geschichten erfinden und erzählen
- zuhören können
- Regeln einhalten

**Material**
Kassettenrekorder mit Mikrofon, Moos, Naturmaterialien im Weidenkorb, ein Tuch, ruhige Musik.

**Ablauf**
Die Kreismitte ist mit einem Moosteppich gestaltet. Darauf steht der mit einem Tuch abgedeckte Weidenkorb. Die Kinder sitzen um diese gestaltete Mitte herum. Die Erzieherin beginnt mit der kurzen Einführungsgeschichte „Der Weidenkorb". Anschließend wird das Tuch entfernt. Jedes Kind kann einen kleinen oder großen Schatz aus dem Korb nehmen und ihn befühlen und betrachten. Dieses Phase wird mit ruhiger Musik untermalt. Die Kinder versetzen sich nun in die Rolle von Geschichtenerzählern und tragen die Geschichte, die ihnen ihr Schatz erzählt hat, den anderen Kindern vor. Wer mag, kann die Geschichte auch mit Hilfe des Kassettenrekorders aufnehmen. Nach dieser Erzählrunde können die Geschichten nochmal abgespielt werden. Für Kinder ist es immer wieder faszinierend, die eigene Stimme zu hören und zu erleben, dass andere ihnen gerne zuhören.

In einem alten Schuppen steht ein Weidenkorb. Er steht schon seit vielen Tagen zugedeckt da und niemand beachtet ihn.
Eines Tages entdeckt Mona ihn dort. Sie findet ihn wunderschön. „Als Sammelkorb ist der genau richtig für mich!", verkündet sie. Sie macht sich mit dem Korb, der beinahe so groß ist wie sie selbst, auf den Weg.

Mona braucht nicht lange zu gehen und sie findet wunderschöne Dinge, die sie alle in den Korb legt. Als der Korb voll ist, macht sie sich auf den Heimweg.
Stolz packt sie am Abend alle Schätze aus. Als sie eingeschlafen ist, erzählen ihr die kleinen und großen Schätze unglaubliche Traumgeschichten …

# Spielesalat mit Händen und Füßen
## (buntes Allerlei zur Förderung der taktilen Wahrnehmung)

## Motivation
♦ Selbstvertrauen stärken
♦ Tastsinn verfeinern
♦ Möglichkeiten des Spiels mit Händen und Füßen bewusst erleben
♦ Berührungsängste abbauen

## Ablauf
In verschiedenen Räumen werden den Kinder unterschiedliche Hand- und Fußspiele angeboten.

## Tastspiel
Mit geschlossenen Augen werden mit Händen und Füßen verschiedene Gegenstände erfühlt (harte, weiche, feuchte, schmierige, warme, kalte usw.)
*Variation*: Jeweils zwei gleiche Gegenstände erfühlen und zusammenbringen.

## Zeitspiel
Mit Händen und Füßen werden Zeitungen zerrissen, zerknüllt und zu einem Ball geformt. Eine Eieruhr setzt den zeitlichen Rahmen.

## Fuß-, Handstempel
Die Hände und Füße der Kinder werden mit Fingerfarbe bemalt und ein großes Papier wird damit gestaltet.

## Kleisterbilder
Auf großen Papierbögen werden Kleister und Farbe mit Händen und Füßen verteilt.

## Hand-/Fußmassage
Die Kinder können sich gegenseitig die Hände und Füße massieren und sie mit einem Duftöl oder einer Creme einreiben.

**Gipsfüße und -hände**

Gips wird zu einer dickflüssigen Masse angerührt und auf einen Plastikteller gegossen. Diese Masse muss etwas antrocknen. Danach kann die Hand oder der Fuß darin abgedrückt werden.

*Variation:* Mit Gipsbinden (erhältlich in der Apotheke) können die Kinder sich gegenseitig die Hand einwickeln, bis sie wie in einem Handschuh verpackt ist. Auch ein Teil des Unterarmes wird eingewickelt. Nachdem die Masse etwas angetrocknet ist, wird dieser Gipshandschuh von oben etwas eingeschnitten und die Hand kann vorsichtig herausgezogen werden. Der Schnitt wird mit einer Gipsbinde wieder gut verschlossen. Die Hand wird nun ein wenig gebogen, damit sie aufrecht auf dem Armstumpf stehen kann. Nach dem Trocknen kann sie angemalt werden.

Auf gleiche Weise kann auch ein „Gipsfuß" entstehen.

**Hände und Füße verkleiden**

Die Kinder malen sich gegenseitig mit dem Pinsel Hände und Füße an. Der Fantasie sind dabei keine Grenzen gesetzt.

**Hand- und Fußball**

Verschieden große Bälle werden mit der Hand oder mit dem Fuß gerollt und geworfen. Am schwierigsten ist dabei natürlich die „verkehrte Welt": das Werfen mit den Füßen oder das Rollen mit den Händen.

**Hand- und Fußraten**

Ein Betttuch, in das Löcher geschnitten wurden, wird gespannt. Einige Kinder können ihre Füße und Hände durch die Löcher stecken, die anderen müssen dann erraten, zu wem diese Körperteile gehören. Stecken die Kinder jeweils beide Hände oder Füße in zwei Lochpaare, können die zueinander passenden bestimmt werden.

*Variation:* Pantomimisch werden mit den Händen und Füßen bestimmte Bewegungen gemacht, wie trippeln, winken, streicheln usw. Die anderen Kinder müssen das Dargestellte erraten.

Was wir schon alles können

### Hand- und Fußkette
Gegenstände werden mit den Händen oder Füßen weitergegeben. Nichts darf auf die Erde fallen. Wenn zwei Gruppen gebildet werden und die Eieruhr eingesetzt wird, kann daraus ein Zeitspiel entwickelt werden.

### Anfassen erlaubt
Die Kinder gehen, laufen, hüpfen nach Musik oder Tamburinschlag durch den Raum. Ruft die Erzieherin „Hand", so müssen sich die Kinder an die Hände fassen. Ruft die Erzieherin „Fuß", so müssen sie sich mit dem Fuß berühren. Es können sich jeweils beliebig viele Hände und Füße berühren.

### Fuß- oder Handkette
Die Kinder stehen im Kreis und schließen die Augen. Ein Kind berührt den Fuß eines anderen und sagt „Angefangen." Diese Berührung wird nun von Kind zu Kind weiter gegeben, bis sie wieder bei dem ersten ankommt. Dieses verkündet „Angekommen" und die Kinder öffnen die Augen. Auf gleiche Weise entsteht eine Handkette.

### Spiele mit Händen und Füßen
An diesem Hand- und Fußtag können bekannte Finger- und Fußspiele eingesetzt werden. Sie machen, auch wenn die Kinder sie schon kennen, immer wieder Spaß.


## Herr und Frau Fuß

| | |
|---|---|
| In einem wunderschönen Schuh, | *auf einem Bein stehen* |
| findet Herr Fuß heut seine Ruh. | |
| Er steht ganz still, ist nicht allein, | |
| Frau Fuß will immer mit ihm sein. | *das zweite Bein dazu stellen* |
| | |
| Sie sind einander gut bekannt, | *die Füße zueinander drehen* |
| sie gehn gemeinsam durch das Land. | *durch den Raum gehen* |
| Sie sind vergnügt und laufen schnell, | *schnell laufen* |
| manchmal drehn sie sich auf der Stell. | *im Kreis drehen* |

Sie trippeln auf den Zehenspitzen     *auf den Zehenspitzen gehen*
und können auch mal ganz schnell flitzen.     *rennen*
Dann stampfen sie wieder durch das Land     *durch den Raum stampfen*
so wie ein dicker Elefant.     *ein Arm deutet Rüssel an*

Doch sind sie müd, dann stehn sie still,     *stehen bleiben*
weil jeder schlafen gehen will.
Frau Fuß, sie winkt, legt sich zur Ruh,     *mit dem Fuß winken, ihn zur Seite stellen*
Herr Fuß gesellt sich dann dazu.     *den einen Fuß ruhig neben den anderen stellen*

## Zi-Za-Zappelmänner

Zehn Zi-Za-Zappelmänner     *mit den Fingern zappeln*
zappeln erst langsam und dann schneller.
Sie zappeln, ohne still zu stehn,
du kannst sie immer zappeln sehn.
Sie springen, hops, auf deinen Schoß,     *Hände in den Schoß des Mitspielers legen*
schau, schon geht das Zappeln los.
Sie zappeln dort den ganzen Tag,     *auf dem Körper des Mitspielers zappeln*
weil das ein Zappelmann gern mag.
Und nun kannst du sie zappeln sehn,
auf deinem Kopf, ach, ist das schön.     *Hände hüpfen auf den Kopf des Mitspielers*
Dort zappeln sie ganz ruhig und sacht     *den Kopf des Mitspielers streicheln*
weil es ihnen Freude macht.
Doch sind sie müd, laufen sie fort     *auf dem Rücken des Mitspielers herunter laufen*
an einen dir ganz fremden Ort.     *die Finger hinter dem eigenen Rücken verstecken*

### Hinweis
Immer zwei Kinder spielen bei den „Zi-Za-Zappelmännern" zusammen. Ein Kind führt die Bewegungen am Körper des Mitspielers aus. Anschließend wird das Fingerspiel mit vertauschten Rollen durchgeführt.

# Alles was Spaß macht
## (jede Menge Spielideen)

## Motivation
♦ Wahrnehmung schulen
♦ in der Gruppe spielen
♦ Regeln akzeptieren
♦ verlieren können

## Hinweis
Die Spielgruppen und die Altersdifferenz innerhalb der Gruppen sollten nicht zu groß sein.

## Materialien
5 leere Flaschen, mehrere Augenbinden oder Tücher, ein Gong, Plätzchen mit einem Loch, Wolle, ein Rekorder mit Musik, eine größere Anzahl dünner Bambusstäbe, ein Topf oder Hut, selbst erstellte Memorykarten (Motivvorschläge: Tiere, Sonne, Ball, Blume, Wolke, Haus, Auto usw.)

### Blindenführer
Im Kreis stehen hintereinander in einem kurzen Abstand mehrere Flaschen. Wer traut es sich zu, zunächst mit offenen Augen und danach mit geschlossenen Augen über die Flaschenreihe zu steigen, ohne eine Flasche umzuwerfen? Ein Blindenführer hilft mit seinen Anweisungen.
*Variante:* Die Flaschen werden weggenommen und der „Blinde" steigt über imaginäre Flaschen.

### Plätzchen beißen
Es werden vier Plätzchen auf einen langen Faden gefädelt. Zwei Kinder stehen auf einem Stuhl und halten dieses Band. Zwei andere Kinder müssen versuchen, die Plätzchen nur mit dem Mund, ohne den Gebrauch der Hände, zu schnappen und zu essen. Wer hat den größten Hunger?

**Miau, Wau-Wau und Muh**

Die Kinder sitzen im Kreis. Ein Kind denkt sich ein Tier aus und ahmt das entsprechende Tiergeräusch nach, die anderen raten zu welchem Tier der Laut passt. Das Kind, welches zuerst das richtige Tier erraten hat, imitiert anschließend ein anderes Tier.

*Variante:* Ein Kinder ahmt ein Tier nach, das nächste Kind macht das Geräusch nach und fügt ein weiteres hinzu. War jedes Kind an der Reihe, kann das erste den passenden Namen seines Tieres sagen, das nächste Kind wiederholt den Namen und nennt den des eigenen Tieres usw.

**Riesenmikado**

Die Erzieherin nimmt eine größere Anzahl dünner Bambusstäbe und lässt diese wie bei einem Mikadospiel fallen. Die Kinder versuchen so lange Bambusstäbe herauszuziehen, bis die anderen Stäbe sich bewegen. Dann darf ein anderes Kind weitermachen. Wer hat die ruhigste Hand?

**Topfspiel mit Musik**

Bei Musik wird ein Topf im Uhrzeigersinn im Sitzkreis herum gegeben. Hin und wieder wird die Musik gestoppt. Das Kind, welches zu diesem Zeitpunkt den Topf hält, setzt eine Runde aus. Der rechte Nachbar muss also beim Weitergeben des Topfes bedenken, den Topf erst dem übernächsten Kind zu geben. Das aussetzende Kind muss sich konzentrieren, wann diese Spielrunde zu Ende ist und es wieder mit einsteigen kann. Je schneller der Topf weitergegeben wird, um so größer der Anspruch an die Konzentration.

**Tiermemory**

Sechs Kinder spielen gemeinsam. Je zwei Kinder bekommen den gleichen Tiernamen. Danach werden ihnen die Augen verbunden und alle Kinder gehen durch den Raum. Durch Imitieren der jeweiligen Tierlaute müssen sich die Paare finden.

**Stille Liebespost**

Die Kinder sitzen im Kreis. Ein Kind überlegt sich ein nettes Kompliment für ein teilnehmendes Kind (z. B. „Anna hat schönes Haar") und flüstert es dem Nachbarn ins Ohr, dieser gibt es weiter. Die Botschaft macht ihre Runde. Das letzte Kind im Kreis nennt sie laut. Ist es das liebe Kompliment, das mit der Post auf die Reise geschickt wurde?

**Ich habe was, was du auch hast**

Je zwei Kinder haben Karten mit den gleichen Motiven, doch keiner kennt das Motiv des anderen. Nun beginnt ein Kind, sein Motiv zu beschreiben ohne den Namen des Motives zu nennen. Das Kind, das glaubt, die gleiche Karte zu haben, steht auf und stellt sich zu dem anderen Kind. Ist ein Kartenpaar entstanden, beschreibt ein anderes Kind sein Motiv. Finden sich die passenden Paare?

# Das Klapperbum
## (eine Geschichte mit Nebenwirkung)

## Motivation
♦ Experimentierfreude wecken oder unterstützen
♦ gemeinsam neue Erfahrungen machen
♦ sich etwas zutrauen

## Materialien
Viele Gegenstände, auf denen Musik gemacht werden kann: Dosen, Deckel, Töpfe, Hölzer, Flaschen, Glocken usw., ein Karton, einige Holzstäbe (z.B. Kochlöffel), die als Schläger benutzt werden können, ein Bild oder Foto von einem Jungen (aus einer Zeitschrift).

## Ablauf
Die Kinder sitzen im Kreis. Der mit Töpfen, Dosen usw. gefüllte Karton steht in der Mitte. Die Erzieherin zeigt das Bild, stellt Max vor und erzählt die folgende Geschichte.

Max ist als der beste Klapperbumbauer bekannt, den es jemals in der kleinen Stadt gegeben hat. Seine Kapperbums sind die schönsten, die lautesten, die schnellsten und auch die seltsamsten. Aus Nah und Fern kommen die Leute angereist, um bei Max ein Klapperbum zu kaufen. Ach, du weißt ja noch gar nicht, was ein Klapperbum ist. Oder vielleicht doch?

Versuch doch mal zu erraten, was ein Klapperbum ist. Ist es ein Auto, mit dem man fahren, schwimmen und fliegen kann? Ist es ein Turngerät, auf das man klettern, mit dem man schwimmen und auf dem man hüpfen kann? Oder ist es ein Instrument, auf dem man klimpern, klappern und schlagen kann? Sag, was meinst du ist ein Klapperbum? (Die Kinder raten)
Es ist ein Musikinstrument. Max hat es selbst erfunden. Max erfindet viele verschiedene Klapperbums. Er sammelt Dosen, Holzklötze, alte Töpfe, Flaschen, Deckel, Eisenketten, Kuhglocken und vieles mehr und baut daraus wunderschöne Klapperbums. Sie sehen nicht nur immer anders aus, jedes Klapperbum klingt auch anders. Max hat schon ein richtiges Klapperbummuseum. Die Besucher können auf den vielen Klapperbums spielen und sich dann das schönste aussuchen. In großen Sammelkartons findet Max alles, was er für ein Klapperbum gebrauchen kann.

Einmal im Jahr findet auf dem Marktplatz der Stadt ein Klapperbumfest statt. Alle, die ein Klapperbum bauen wollen, treffen sich einige Wochen vorher bei Max. Dann wird gehämmert, genagelt, geklebt und angestrichen. Jeder gibt sich dabei viel Mühe, denn jeder will das schönste Klapperbum haben. Manche Klapperbumspieler bauen ihr Klapperbum lieber allein zu Hause. Sie wollen die anderen überraschen. Die Neugierde wächst von Tag zu Tag. Wer hat wohl das schönste, das lauteste, das größte, das seltenste Klapperbum?
Endlich ist der große Tag da. Die ganze Stadt ist auf den Beinen. Jeder will zum Marktplatz, um die Klapperbums zu bestaunen. Alle sind sehr gespannt. Wer wird heute der beste Klapperbumbauer sein? Max darf bei diesem Wettbewerb nicht mitmachen, denn er muss das beste Klapperbum auswählen. Das ist eine schwere Aufgabe. In diesem Jahr muss Max sich sehr anstrengen, denn noch nie waren so viele seltsame, schöne, laute Klapperbums zu sehen und zu bestaunen. Jeder Klapperbumbauer stellt sein Klapperbum vor. Max muss gut zuhören, um dann die richtige Wahl zu treffen.
Wenn ihr mögt, könnt ihr euch auch ein Klapperbum bauen, spielt darauf und hört euch an, wie unterschiedlich die Klapperbums klingen. Vielleicht wird ja einer von euch der Gewinner „Bester Klapperbumbauer des Jahres".
*(Die Kinder stellen aus den o.g. Gegenständen ein Klapperbum zusammen. Sie können so lange experimentieren, zusammenstellen, hören, verändern, tauschen bis sie ihr Klapperbum so haben, wie es ihnen gefällt. Jeder stellt dann sein Klapperbum den anderen Kindern vor. Anschließend wird das Ende der Geschichte erzählt.)*

## Was wir schon alles können

Doch in diesem Jahr kann Max sich nicht entscheiden. Jedes Klapperbum ist schön. Um niemanden zu enttäuschen verkündet er: „Alle Klapperbums sind schön. Deshalb lasst uns ein Klapperbumorchester gründen. Dann kann jeder mitspielen. Gemeinsam treten wir auf Geburtstagsfesten, Kinderfesten und Straßenfesten auf, um Musik zu machen." Alle sind mit der Idee einverstanden, und zur Freude der Besucher spielen die Klapperbumbauer die ganze Nacht. *(Die Kinder spielen zusammen)*

Erst als es schon wieder hell wird, gehen alle nach Haue. Die Klapperbumbauer nehmen ihre Klapperbums mit, und für sie steht fest, morgen, da spielen sie wieder. *(Die Klapperbums werden in ein Regal gestellt und können jederzeit zum Spielen benutzt werden.)*

# Spiele für gute Ohren
## (Ideen zur Förderung der auditiven Wahrnehmung)

## Motivation
♦ Förderung des Hörsinns
♦ Freude an Gemeinschaftsspielen
♦ Regeln beachten
♦ Selbstvertrauen stärken

## Material
8–10 Handtrommeln, 2 Augenbinden, 2 Teelöffel, einige Orff-Instrumente, eine Glocke, ein Triangel, Hindernisse, z.B. Bänke, Hocker usw., eine Wolldecke

## Raumvorbereitung
Für diese Spielrunde ist der Turnraum besonders geeignet. Das Material wird bereitgestellt, die Decke in eine Ecke des Raumes gelegt.

## Ablauf
Die Kinder setzen sich auf die Decke. Die Erzieherin beginnt mit einem Flüsterspiel. Sie flüstert den Namen von zwei Kindern. Diese wechseln die Plätze. Haben alle Kinder den Platz getauscht, wird das Spiel verändert. Die Erzieherin stellt sich in eine Ecke des Raumes und ruft laut die Namen von zwei Kindern. Diese wechseln die Plätze usw. Nach diesen Spielen wird in einem Gespräch erarbeitet, dass die Menschen über die Ohren laute und leise Geräusche, Töne, Stimmen usw. wahrnehmen können. Anschließend können die Kinder ihren Hörsinn durch die folgenden Spiele erproben und stärken:

## Der Specht
Ein Kind wird mit verbundenen Augen durch den Raum geführt. Wenn der Führende das Kind loslässt, bleibt es stehen und wartet auf ein Geräusch. Ein anderes Kind (Specht) stellt sich in den Raum und schlägt zwei Löffel aufeinander. Diesem Geräusch folgt das Kind mit den verbundenen Augen. Hat es den Specht erreicht, so kann es die Augenbinde entfernen.

### Der entflogene Vogel

Einem Kind, dem Vogel, werden die Augen verbunden. In der Hand hält es zwei Löffel. Einem anderen Kind, der Vogelmutter, werden ebenfalls die Augen verbunden. Beide Kinder werden kurz durch den Raum geführt und dann losgelassen. Das Vogelkind geht durch den Raum und schlägt dabei die Löffel zusammen. Die Vogelmutter muss nun versuchen, das Vogelkind wieder einzufangen.

### Das Echo

Jedes Kind bekommt eine Handtrommel. Ein Kind spielt einen Takt vor, die anderen Kinder spielen diesen Takt genau nach. Jedes Kind kann einmal einen Takt vorspielen, der dann von den anderen nachgespielt wird.

### Das Orchester

Mehrere Orff-Instrumente werden in die Mitte gelegt. Ein Kind stellt sich mit dem Gesicht zur Wand in eine Raumecke. Nun spielen zwei, drei oder vier Kinder gleichzeitig ein Instrument. Das Kind, welches zur Wand schaut, soll die einzelnen Instrumente identifizieren und benennen. Kinder, die noch nicht mit Orff-Instrumenten gespielt haben, sollten zuvor frei mit den Instrumenten experimentieren dürfen.

### Die Zauberglocke

Ein Kind spielt den Zauberer und bekommt eine Glocke. Die anderen Kinder laufen, hüpfen, springen durch den Raum. Hören sie den Glockenton, so bleiben sie sofort wie verzaubert stehen. Hören sie ihn wieder, ist der Zauber aufgelöst und sie springen, hüpfen, laufen wieder durch den Raum. Nun spielt ein anderes Kind den Zauberer.
*Variation:* Zwei Kinder spielen Zauberer und bekommen zwei unterschiedliche Instrumente. Die Kinder bewegen sich frei im Raum. Ertönt z.B. die Glocke bleiben die Kinder stehen, ertönt das Tamburin, gehen sie in die Hocke.

### Im Urwald

Es werden Hindernisse im Raum verteilt. Ein Urwaldführer begleitet ein Kind mit verbundenen Augen und führt es sicher um die Hindernisse herum. Die anderen Kinder spielen Urwaldtiere, z.B. Vögel, Löwen, Affen und imitieren die Geräusche dieser Tiere. Das „blinde" Kind versucht die Tiere anhand der Geräusche zu identifizieren.

# Simsalabim
## (ein Spiellied)

1. Ich bin der Zaub'-rer Di-del-dum, ver-
zau-ber al-les rund-he-rum. Mein Zau-ber-stab, der
zau-bert gut, hol wei-ße Ha-sen aus dem Hut.

*Refrain*

Sim-sa-la-bim und eins, zwei, drei, zau-bern,
ist das He-xe-rei? Sim-sa-la-bim und schau gut
hin, weil ich der Zau-ber-mei-ster bin.

# Was wir schon alles können

2. Ihr Leute, kommt, ich kann noch mehr,
gebt acht, schaut zu, dann staunt ihr sehr.
Mein Zauberstab macht sich bereit,
in Löwen ihr verwandelt seid.

*Refrain:* Simsalabim …

3. Ja, ich bin überall im Land
als Zaubermeister gut bekannt.
Den Zauberspruch hab ich bereit,
in Bären ihr verwandelt seid.

*Refrain:* Simsalabim …

4. Nun ist die Zauberstunde aus,
ich gehe jetzt zurück nach Haus.
Das Zaubern klappte richtig gut,
setz wieder auf den Zauberhut.

*Refrain:* Simsalabim …

## Motivation
♦ Fantasie und Kreativität herausfordern
♦ gemeinsam etwas erarbeiten
♦ die eigenen Fähigkeiten in den Prozess einbringen

## Materialien
schwarze Pappe oder ein echter Zylinder, ein Zauberstab, ein großes, glitzerndes Tuch, viele Kerzen, Glitzersterne, hell klingende Orff-Instrumente, wie Schellen, Glocken, Metallophon

## Ablauf
Aus schwarzer Pappe wird ein großer Zylinder hergestellt. Zylinder und Zauberstab werden in die Kreismitte gestellt und mit dem glitzernden Tuch abgedeckt. Die Orff-Instrumente werden bereitgestellt.
Der Raum kann durch Verdunkelung und viele Kerzen etwas geheimnisvoll gestaltet werden. Die Glitzersterne schmücken die Kreismitte. Das Tuch ist so über den Zylinder gestülpt, dass man schon erahnen kann, welcher Gegenstand in der Mitte steht. Das Tuch wird entfernt und die Kinder äußern sich dazu.

Danach wird das glitzernde Tuch zu einem Umhang. Mit Hilfe der Verkleidung trägt die Erzieherin den Kindern das Lied als Vers vor. Anschließend wird es mit der Melodie erlernt und mit Hilfe der Orff-Instrumente gestaltet.

## Auswertung

Der Inhalt des Liedes kann dargestellt werden, d.h. ein Kind spielt den Zaubermeister, bekommt den Umhang, den Zauberstab und den Hut. Wenn die Kinder verwandelt werden, können sie beim Refrain als Löwen schleichen oder als Bären stampfen.

# Alles ist in Bewegung
## (Rhythmik)

## Motivation

- ◆ entdecken neuer Spielmöglichkeiten mit bekannten Materialien
- ◆ Gefühl für gemeinsames Handeln aufbauen, bzw. weiterentwickeln
- ◆ Materialerfahrungen sammeln
- ◆ Geschicklichkeit weiterentwickeln

## Materialien

Korb mit Federn, Luftballons, Chiffontüchern, Zeitungspapier; große Decke; Triangel; Tamburin; Kassettenrekorder (mit leichter, beschwingter Musik)

## Ablauf

Je fünf mit Turnzeug bekleidete Mädchen und Jungen setzen sich auf die im Gymnastikraum ausgebreitete Decke.

### Spiel zur Raumorientierung und Bekanntmachung

Die Kinder bewegen sich nach Tamburinschlag (hüpfend, gehend, laufend, springend) durch den Raum. Hören sie kein Tamburin mehr, geben sich die Kinder die Hand und begrüßen sich.

*Variation*: Sie begrüßen sich und sagen sich etwas Schönes.

Nach diesem Einführungsspiel gehen sie wieder zur Decke. Die Erzieherin holt den Weidenkorb mit den leichten Spielgegenständen. In der folgenden Phase können die Kinder frei mit den Gegenständen spielen und experimentieren. Mit leichter Musik wird diese Phase untermalt.

Danach stellt jedes Kind einen Spielvorschlag vor. Die anderen spielen dem Vorschlag entsprechend.

## Experimentieren

Zwei Instrumente werden symbolisch für Jungen und Mädchen eingesetzt. Ertönt z.B. das Tamburin, nehmen die Jungen sich einen leichten Gegenstand und laufen, hüpfen oder gehen nach Tamburinschlag damit durch den Raum. Die Mädchen machen diese Übungen nach Triangelton.

Nachdem mit den verschiedenen Materialien experimentiert wurde, entscheiden sich die Kinder für einen leichten Gegenstand, z.B. für die Feder. Mit ihr wird nun bei beschwingter Musik gespielt. Danach werden die einzelnen Spielvarianten mit einem Lied vorgestellt. Ein Kind singt und stellt die Bewegung vor, z.B.
(nach der Melodie „Zeigt her eure Füße")

> Schaut her hier ist die Feder,
> kommt seht einmal an,
> was ich mit der Feder
> so alles machen kann.
> Ich dreh mich, ich dreh mich
> mit ihr im Kreis herum.
> Ich dreh mich, ich dreh mich
> mit ihr im Kreis herum.

Nun legen auch die anderen Kinder die Feder auf ihren Kopf und singen: Ich dreh mich, ich dreh mich … Weitere Strophen können den Bewegungen entsprechend erfunden werden.

### Reaktionsspiel

Die Mädchen und die Jungen nehmen sich je einen leichten Gegenstand, z.B. die Jungen Luftballons, die Mädchen die Federn.

Sie bewegen sich nach Musik mit dem Gegenstand durch den Raum. Wird die Musik ausgeschaltet, tauschen die Jungen und die Mädchen die Gegenstände aus. (Das Spiel kann mit anderen Gegenständen wiederholt werden.)

### Partnerspiel

Je ein Mädchen und ein Junge holen sich zwei gleiche Gegenstände. Bei Musik werden damit verschiedene Spielformen ausprobiert. Danach stellt jedes Paar seine neu erfundene Spielform vor.

### Schlussspiel mit allen Materialien

Beispiel: Die Chiffontücher werden so aneinander gebunden, dass ein großes Chiffontuch entsteht. Dann stellt sich jeder auf eine Zeitung und hält einen Luftballon zwischen den Beinen. Das große Chiffontuch wird von den Kindern am Rand festgehalten, die Federn werden darauf gelegt. Bei Musik bringen die Kinder das Tuch so zum Schwingen, dass die Federn fliegen. Dabei dürfen sie den Ballon nicht verlieren. Wird die Musik abgestellt, falten sie die Zeitung einmal kleiner und das Spiel beginnt von vorn. Es wird so oft durchgeführt, bis die Zeitung ganz klein ist. Danach räumen die Kinder das Material wieder in den Korb, treffen sich auf der Decke und können dort ihre Erfahrungen austauschen.

# Wünschen, träumen, Luftschlösser bauen ...

Kinder entdecken die Welt nicht nur durch konkretes Handeln, erkunden und forschen sondern auch durch das Träumen und Fantasieren. Dadurch haben sie die Möglichkeit auch das zu verarbeiten und besser zu verstehen, was nicht unmittelbar zu „begreifen" ist. Träumen und Fantasieren hat im pädagogischen Sinne also entscheidende psychohygienische Funktion.

Jedes Kind besitzt eigentlich genug Fantasie, um ohne Anstöße von außen gedanklich tolle Luftschlösser zu bauen. Leider wird diese Fähigkeit oft schon früh verschüttet. Erwachsene neigen immer noch dazu, Träume und Fantasien von Kindern als Hirngespinste abzutun und das rationale Denken zu betonen. Außerdem trägt der Medienkonsum dazu bei, die eigene kindliche Fantasie immer weniger zu bemühen. Es werden ja alle Bilder schon geliefert, so dass die eigene Vorstellungskraft nicht mehr nötig scheint. Fernsehbilder helfen aber nur bedingt bei der eigenen Lebensbewältigung. Dazu bedarf es vor allem der eigenen Vorstellungskraft, der Fantasie und Kreativität. Der Kindergarten kann durch seine Angebote immer wieder zum Träumen und Wünschen einladen und ermutigen.

# Im Traum flieg ich
## (eine meditative Reimgeschichte)

## Motivation
♦ zum Träumen einladen
♦ Stille erleben
♦ Vorstellungskraft weiterentwickeln

## Material
eine Decke für jedes Kind, ein Tuch, eine Kerze, schöne Steine, eine Lampe, ein Kassettenrekorder mit ruhiger Musik, Malpapier, für jedes Kind eine Holzunterlage zum Malen, Malstifte, Tonpapier, ein Locher, ein schönes Band, dicke Filzstifte, Zeitungspapier, ein Gong

## Raumvorbereitung
Ein Raum in ruhiger Lage wird verdunkelt und erwärmt. Die Decken werden in Kreisform ausgelegt, die Mitte wird mit einem Tuch, einer Kerze, Steinen oder anderen Schmuckteilen dekoriert. Ein Lampe erhellt den Raum. Alle anderen Materialien liegen griffbereit und werden mit einem Tuch abgedeckt.

## Ablauf
Die Kinder sitzen auf einer Decke. Sie werden angeleitet aus einer Zeitung einen Flieger zu falten. Diesen können sie durch den Raum gleiten lassen. Durch die Frage „Wohin möchtest du mit diesem Flieger gerne fliegen?" wird ein Gespräch initiiert. Danach bewegen sich die Kinder wie Flugzeuge durch den Raum, landen auf ihrer Decke, legen sich entspannt hin, schließen die Augen und folgen der meditativen Versgeschichte (musikalische Untermalung). Bei dem Wort „Peng" leicht auf den Gong schlagen.

Im Traum flieg ich nach Afrika,
dort ist es heiß, doch wunderbar.
Dort tanzen Menschen um das Feuer

im Urwald wohnt ein Ungeheuer.
Affen klettern im Bananenbaum,
und „Peng" aus ist der schöne Traum.

## Wünschen, träumen, Luftschlösser bauen ...

Im Traum flieg ich nun auf den Mond,
besuch den Mann, der in ihm wohnt.
Ich treff nur kleine grüne Wesen
von denen hab ich nie gelesen.
Sie sind schnell fort, ich seh sie kaum,
und „Peng" aus ist der schöne Traum.

Im Traum flieg ich nun in das Eis,
dort ist es kalt und ganz schneeweiß.
Die Eskimos, dick eingepackt,
haben ein Loch ins Eis gehackt.
Das Eis sieht aus wie Zuckerschaum
und „Peng" aus ist der schöne Traum.

Im Traum flieg ich jetzt an das Meer,
den warmen Strand, den mag ich sehr.
Pizza kommt aus diesem Land,
die ist dir und mir bekannt.
Zitronen hängen an dem Baum
und „Peng" aus ist der schöne Traum.

Der Flieger bringt dich nun nach Haus,
die lange Reise ist nun aus.
Was du gesehen, glaubst du kaum,
und „Peng" aus ist der schöne Traum.
Nun mach die Augen auf und dann –
fang ganz schnell zu erzählen an.

## Abschluss

Ein Gespräch über die einzelnen Traumbilder schließt sich an. Gemeinsam wird ein Traumbilderbuch erstellt, d.h. jedes Kind malt zu einer Strophe ein Bild. Anschließend können alle Bilder zu einem Bilderbuch zusammengebunden werden.

# Die Insel der Blumen
## (eine Fantasiereise)

## Motivation
♦ zur Ruhe kommen
♦ die Vorstellungskraft entwickeln
♦ die eigenen Gefühle ergründen und mit anderen darüber sprechen

## Material
Kassettenrecorder mit ruhiger Musik, ein Korb mit vielen verschiedenfarbigen Chiffon-tüchern

## Ablauf
8 Kinder liegen in einem warmen, verdunkelten Raum auf Decken. Dieser Raum ist durch eine Duftschale und einige Kerzen in ein Traumzimmer verwandelt worden. Ruhige Musik untermalt dieses Phantasiereise. Der Korb mit den Chiffontücher steht griffbereit.

Ich lade dich zu einer Phantasiereise ein. Leg dich ganz bequem hin, schließ deine Augen, lausche der ruhigen Musik und atme gleichmäßig und tief ein und aus, ein und aus …
Stell dir vor, du fliegst auf dem Rücken eines großen Vogels in eine andere Welt.
Du liegst still auf seinem Rücken und gleitest lautlos am wolkenlosen Himmel daher. Einige andere Vögel begleiten dich. Sie fliegen mit leisem Flügelschlag neben dir her. Am Himmel ist es still.

Du vergisst die Unruhe des Alltags und alle Erlebnisse sind wie weggeblasen.
Du schaust auf die Erde und siehst unter dir das blaue Meer.
Die Schiffe, die dort unten fahren, sind klein wie Streichholzschachteln.
Du fühlst dich hier oben frei und sehr glücklich.
Weit vor dir entdeckst du etwas, was aussieht wie ein brauner Fleck mitten im Meer.
Lautlos fliegt der Vogel darauf zu.

Der Fleck wird immer größer, und du erkennst eine Insel.

Ist das eine andere Welt, in die der Vogel dich bringt?

Du bist gespannt.

Als ihr direkt über der Insel seid, siehst du viel Wald und dichtes Gebüsch.

Aber du siehst keine Menschen und auch keine Tiere.

Langsam gleitet der Vogel hinab zur Erde. Du steigst ab.

Eine geheimnisvolle Stille umgibt dich.

Kein Laut ist zu hören.

Noch etwas unsicher gehst du Schritt für Schritt vorwärts.

Du gehst durch dichtes Gestrüpp, und mit einem Mal stehst du auf einer wunderschönen, bunten Wiese.

Unzählige Blumen, die du noch nie gesehen hast, duften und umhüllen dich.

Du stehst ganz still und hörst das leise Singen des Windes.

In dieser lautlausen, bunten und sehr geheimnisvollen Welt fühlst du dich sehr wohl.

Vorsichtig berührst du einige Blumen. Sie sind samtweich und leuchten in den herrlichsten Farben.

Ganz tief atmest du ein, nimmst den Duft und die Farben tief in dich auf.

So wohl wie in diesem Augenblick hast du dich schon lange nicht mehr gefühlt.

Du stehst da und genießt den Anblick.

Langsam gehst du wieder zurück.

Ob der Vogel noch auf dich wartet?

Schritt für Schritt durchquerst du das Gebüsch.

Der große Vogel sitzt noch dort, wo du ihn verlassen hast.

Du steigst auf seinen Rücken. Er bringt er dich hoch hinauf in den wolkenlosen Himmel.

Leise, ganz leise fliegst du mit ihm nun wieder zurück nach Hause.

Schau dich noch einmal um, siehst du die Insel noch?

Schon nach kurzer Zeit bist du wieder in deiner kleinen Welt.

Der Vogel landet, du steigst ab, und noch bevor du dich bei ihm bedanken kannst, ist er fort.

Du stehst noch eine Weile still da, denkst an die wundervolle Insel, an die Blumen und an die tausend Farben.

Sei einmal ganz still, hörst du noch den Wind singen?

*(Pause)*

Nun ist deine Reise beendet. Du hast eine andere Welt erlebt.

Wecke langsam deinen Körper, bewege die Finger, die Arme, die Zehen, die Füße, die Beine und ganz langsam deinen ganzen Körper. Reck und streck dich, gähne laut, öffne deine Augen. Setzt dich und denk noch ein wenig an die geheimnisvolle, blühende Insel.

## Auswertung

In einem Gespräch können die Kinder ihre Erlebnisse mitteilen. Anschließend zaubern sie die Wunderblumen aus der anderen Welt. Jedes Kind knüllt dazu ein Chiffontuch in seinen Händen fest zusammen, öffnet die Hände dann ganz behutsam zu einer Schale und das Chiffontuch öffnet sich wie eine Blume.

*Variation*: Auf die gleiche Weise mehrere farbige Chiffontücher zu einer bunten Blumen werden lassen.

# Kinderträumeland
## (eine Bewegungsgeschichte)

## Motivation
♦ Anspannung und Entspannung erleben
♦ Freude an der Darstellung entwickeln
♦ zum Träumen ermutigen

## Material
Decke, Kassettenrekorder, ruhige Musik, für jedes Kind ein Holzbrett als Malunterlage, Malstifte und Papier

## Raumvorbereitung
Dieses Angebot kann mit ca. 10 Kindern als Turn- und Bewegungsangebot in dem Gymnastikraum gemacht werden. Eine Wolldecke liegt in einer Raumecke, auf der sich zu Beginn alle Kinder treffen. Die Erzieherin erzählt folgenden Text:

Heute wollen wir das Kinderträumeland besuchen. Es ist weit weg, deshalb müssen wir mit einem Flugzeug fliegen. Wir steigen ein, und leise wie ein großer Vogel fliegt das Flugzeug am Himmel entlang. *(ein Flugzeug darstellen)*

Nach einem langen, ruhigen Flug landen wir
*(in die Hocken gehen)*
und steigen aus. Im Kinderträumeland ist es sehr schön warm. Hell und strahlend steht die große gelbe Sonne am Himmel
*(die Sonne zeigen)*
und der Schweiß läuft von unserer Stirn.
*(mit der Hand über die Stirn reiben)*
Elefanten holen uns ab. Wir setzen uns auf ihren Rücken und laut trampend laufen sie mit uns durch das Kinderträumeland.
*(das Trampeln pantomimisch darstellen)*
Ihr lautes „Törö" ist zu hören.
*(am Elefantenruf pantomimisch darstellen)*
Nicht weit von uns entfernt läuft eine Herde Zebras schnell wie ein Blitz vor uns her.
*(schnell laufen)*
Nach einigen Metern treffen wir eine Affenfamilie. Die Affen klettern und springen vergnügt und ausgelassen in den Bäumen herum.
*(springen und klettern darstellen)*
Die Sonne brennt heiß, und unter einem Baum machen wir eine Pause.
*(hinsetzen)*
Dort trinken wir kühle Limonade.
*(das Trinken darstellen)*
Doch dann steigen wir wieder auf die Elefanten, und es geht weiter.
*(pantomimisch lautes Trampeln darstellen)*
Nach wenigen Metern stehen plötzlich einige Löwen vor uns. Sie fauchen,

*(fauchen pantomimisch darstellen)*
und mit lautem Gepolter rennen die Elefant mit uns davon.
*(pantomimisch darstellen)*
Plötzlich stehen wir vor einem breiten Fluss. In ihm schwimmen viele Krokodile.
*(pantomimisch die Krokodile darstellen)*
Den Fluss müssen wir auf dem Rücken der Elefanten überqueren. Mit sicherem festen Schritt gehen sie durch das Wasser.
*(pantomimisch die Elefanten darstellen)*
Endlich sind wir da. Am Ufer erwarten uns die Bewohner des Kinderträumelands. Wir steigen ab und die Bewohner begrüßen uns freundlich. Sie begleiten uns in einen wunderschönen Wald. Hier gibt es viel zu sehen.
*(gehen und Ausschau halten)*
und viel zu hören.
*(pantomimisch horchen)*
Von allem, was wir sehen, machen wir zur Erinnerung ein Foto.
*(pantomimisch fotografieren)*
Auf einer Decke ruhen wir uns von der langen Wanderung durch den Wald aus.
*(auf die Decke legen)*
Leise Musik schenkt jedem einen wunderschönen Traum.
*(Kassettenrekorder mit leiser Musik)*
Als die Musik schwächer wird und schließlich ganz verschwindet
*(Musik ausklingen lassen)*
stehen wir langsam wieder auf.

Am Fluss warten schon die Elefanten auf uns und wir steigen auf.
*(das Aufsteigen darstellen)*
Schnell machen wir zum Abschied noch ein Foto von den Bewohnern des Kinderträumelands.
*(pantomimisch fotografieren)*
Wir winken ihnen zu
*(winken)*
und dann reiten wir durch den Fluß. Die Krokodile reißen ihr großes Maul bedrohlich weit auf .
*(pantomimisch darstellen)*
Auf dem Weg zurück treffen wir die Affenfamilie, die immer noch in den Bäumen klettert und springt.
*(pantomimisch darstellen)*

Die Sonne brennt heiß, und der Schweiß läuft uns von der Stirn.
*(pantomimisch darstellen)*
Kurz vor unserem Ziel begegnet wir noch einmal einer Herde Zebras, die wie ein Blitz unseren Weg kreuzt.
*(pantomimisch darstellen)*
Sicher am Flugzeug angelangt steigen wir ein. Leise wie ein Vogel startet es und gleitet mit uns am Himmel entlang.
*(pantomimisch darstellen)*
Nach einem langen Flug landen wir wieder sicher in unserer Heimat.
*(in die Hocke gehen)*
Zufrieden und glücklich über diese Reise gehen wir nach Hause.
*(zurück auf die Decke gehen)*

## Auswertung

Auf der Decke können alle Kinder von ihrem Traum im Kinderträumeland erzählen. Im Anschluss daran haben sie auch Gelegenheit Bilder der Träumeland-Bewohner anzufertigen. Es sind die Fotos, die sie zum Abschied gemacht haben. (Musik begleitet dieses Phase)

# Am Abend, wenn der Mond erwacht
## (ein Tanzlied)

1. Am A-bend, wenn der Mond er-wacht, und wenn du schläfst in
dunk-ler Nacht, dann kom-men Fe-en an dein Bett, sie
ru-fen freund-lich und sehr nett: „Komm tanz mit mir! Komm
tanz mit mir! Bis dann die Sonn' er-wacht."

*Refrain*
Leicht und be-schwingt so tan-zen sie, nach ei-ner schö-nen
Me-lo-die. Leicht und be-schwingt im Mon-den-schein,
tan-zen sie, tan-zen sie, tan-zen sie den Rin-gel-rein.

2. Die Regenfeen Plitsch und Platsch
   machen die ganze Erde nass.
   Ihr Regenkleid, es weht beschwingt,
   der Regen uns ein Lied nun singt.
   Fröhlich drehn sie sich im Kreise,
   dazu singen sie ganz leise.

*Refrain:* Leicht und beschwingt ...

3. Die Sonnenfeen strahlen warm,
   sie tragen Licht auf ihrem Arm.
   Ihr Strahlenkleid glänzt wunderbar,
   ihr Lied hört man gern fern und nah.
   Fröhlich drehn sie sich im Kreise,
   dazu singen sie ganz leise.

*Refrain:* Leicht und beschwingt ...

4. Am Morgen, wenn der Tag erwacht
   und ist vorbei die dunkle Nacht,
   dann gehn die Feen alle fort
   an einen unbekannten Ort.
   Doch Abends, wenn der Mond dann lacht,
   sind auch die Feen aufgewacht.

*Refrain:* Leicht und beschwingt ...

## Motivation
♦ Freude am Fantastischen
♦ gemeinsam einen Tanz zusammenstellen
♦ gemeinsam für den Erfolg einer Sache verantwortlich sein

## Material
viele Chiffontücher

## Ablauf
Text und die Melodie werden durch verschiedene Klatsch-, Sprech- und Bewegungsformen erlernt. Anschließend wird ein Feentanz gemeinsam erarbeitet und kann einer anderen Gruppe vorgeführt werden.

# Die Waldfee
## (ein Wünsche-Märchen)

## Motivation
♦ die Fantasie mit Märchen anregen
♦ eigene Wünsche überdenken

## Materialien
Kerzen, schöne Kissen, Tücher und Decken, eine Duftlampe, ruhige Musik, Ton oder matschige Gartenerde, für jedes Kind eine Modellierunterlage, Tücher und Wasser (zum Hände waschen), ein Bogen Pappe, ein Filzstift, eine Kugel aus Ton (diese wird einige Tage vorher geformt).

## Ablauf
Die Kinder betreten einen leicht verdunkelten, warmen Raum. In der Raummitte steht eine Duftlampe. Um diese Mitte herum kann sich jedes Kind aus den Tüchern, Kissen und Decken eine individuelle Sitzgelegenheit schaffen und sich dort hinein setzen. Die Erzieherin stellt den Kindern folgende Frage: „Wenn ihr drei Wünsche frei hättet, was würdet ihr euch wünschen?" Die Kinder bekommen eine Denkpause, in der ruhige Musik läuft. Danach wird die Tonkugel als Gesprächsführer herum gegeben, d.h. jeder, der die Kugel hält, kann seine Wünsche nennen.
Die Erzieherin geht noch einmal auf die Kugel ein und sagt, dass diese eine Wunschkugel sei, die ihr die Waldfee geschenkt habe.
Die Kinder machen es sich bequem und lauschen dem Märchen.

In einem großen Waldstück liegt, versteckt zwischen Farnen, blauen Blumen und stacheligen Büschen, ein verwunschener Zauberwald. Die Menschen können ihn nur über einen schmalen, engen unwegsamen Pfad aus Steinen, Hölzern und lehmigem Boden erreichen. Es ist hier immer sehr still. Ein ruhig plätschernder, kristallklarer Bach schlängelt sich in vielen Windungen durch den Zauberwald. Schmetterlinge in den schönsten Farben fliegen von Sonnenaufgang bis zum Sonnenuntergang von Blume zu Blume und erfreuen sich an ihrem süßen Blütenstaub. An besonders schönen Tagen, wenn die Sonne mit ihren hellen Strahlen durch die Bäume schimmert, wenn der Himmel wolkenlos und hellblau ist, wenn die Luft angenehm warm durch die Büsche weht und die Tautropfen auf den Blättern wie Kristalle funkeln, verlassen viel kleine Waldfeen ihre Wurzelhöhlen und spazieren den ganzen Tag im Zauberwald herum. Sie spielen dann wie die Menschenkinder verstecken oder fangen und lassen hier und da ihre Zauberglöckchen ertönen. Menschen, die ganz still sind, können diese Melodie hören und erfreuen sich an ihr.

Die Waldfeen haben aber auch jeden Tag eine wichtige Aufgabe zu erfüllen. Sie müssen die vielen großen und kleinen Wunschkugeln suchen, die die Menschen hier im Zauberwald versteckt haben. Aus lehmigem Waldboden formen die Menschen Kugeln und sprechen ihre Wünsche dort hinein. Diese müssen die kleinen Waldfeen erfüllen, und das ist manchmal eine sehr schwere Aufgabe.

An einem wunderschönen Tag im Herbst, als alle Feen im Zauberwald auf der Suche nach Wunschkugeln sind, findet eine Fee eine besonders dicke Kugel. Als sie diese aufhebt und an ihr Ohr hält, hört sie ein jämmerliches Weinen. Ein Stimme haucht: „Liebe Waldfee. Ich habe meine beste

Freundin, meine kleine Katze, verloren. Sie ist schon seit einigen Tagen fort. Ich jammere sehr nach ihr. Bitte bringe sie mir zurück. Sie hat eine kleine weiße Nase, ein pechschwarzes glänzendes Fell und hört auf den Namen Prinzessin. Wenn du sie gefunden hast, bringe sie bitte in die Dorfstraße 24. Danke für deine Hilfe. Viele Grüße von Ulla."

Die Waldfee hat Mitleid mit dem Mädchen und macht sich deshalb sofort auf den Weg, um die kleine Katze zu suchen. Doch das ist gar nicht so leicht. Es gibt viele schwarze Katzen mit einer weißen Nase. Aber, Gott sei Dank, nur eine hört auf den Namen Prinzessin. Die Waldfee sucht in jeder Scheune, durchsucht die Wälder, schaut in viele Häuser und ruft immer wieder nach der kleinen Prinzessin. Zwei Tage und zwei Nächte sucht sie schon, aber leider vergebens.

Am dritten Tag jedoch, als sie in einem Dorf ganz nah beim Zauberwald sucht, hört sie plötzlich aus einem alten Holzschuppen ein jämmerliches Jaulen. Es klingt wie das Miauen einer Katze. Ist das vielleicht Prinzessin? Als sie in den Schuppen tritt, sieht sie unter einem Drahtkorb eine kleine schwarze Katze mit einer weißen Nase. Es ist Prinzessin. Sie ist gefangen. Die Waldfee hat viel Mühe, um die kleine Katze zu befreien. Aber schließlich gelingt es ihr doch.

In der Dorfstraße 24 schaut die Fee durch ein offenes Fenster. In einem Bett liegt ein kleines Mädchen. Es schläft tief und fest. Vor ihrem Bett steht ein leeres Katzenkörbchen und eine Schale mit Wasser. „Hier ist die kleine Katze zu Haus", denkt die Fee. Behutsam legt sie die Katze in das Körbchen, streichelt zärtlich Ullas Wange und verschwindet lautlos wieder.

Müde, aber sehr zufrieden eilt die Waldfee zurück in den Zauberwald. Dort legt sie sich in ihr weiches Bett aus Moos und Blättern und schläft ein.

Am nächsten Tag fliegt sie noch einmal in das Dorf, um nach Ulla und dem Kätzchen zu schauen. Als sie zum Haus Nummer 24 kommt, sieht sie, wie das Mädchen mit ihrer Katze vor der Tür sitzt und sie liebevoll streichelt.

Jetzt erst ist die Waldfee ganz zufrieden. Als sie in den Zauberwald zurückkehrt, findet sie bald wieder eine große braune Kugel. Ein neuer Wunsch muss erfüllt werden, und schon macht sich die kleine Waldfee auf den Weg.

## Abschluss

Aus feuchter Erde oder Ton formen die Kinder ihre eigenen Wunschkugeln, die sie dann auf dem Spielplatz verstecken können. Vielleicht findet die kleine Fee die eine oder andere Kugel, und ganz überraschend gehen Wünsche in Erfüllung …

# Das Schaf mit den blauen Punkten
## (eine Geschichte zum Wundern)

## Motivation
- ◆ der Fantasie sind keine Grenzen gesetzt
- ◆ in Gedanken kann auch das Ungewöhnlichste wahr werden
- ◆ von der Norm Abweichendes als besonders interessant erleben
- ◆ Normen hinterfragen lernen

## Material
zehn Decken, Orff-Instrumente, eine kleine Lampe, ruhige Musik, ein Stoffschaf in einem Fühlbeutel, ein grünes Tuch, Kassettenrekorder mit ruhiger Musik, Malstifte, weiße Pappe

## Ablauf
Zehn Kinder setzen sich auf die in Kreisform gelegten Decken und betrachten den Mittelpunkt. Dort liegt auf dem grünen Tuch der Fühlbeutel. Die Kinder versuchen, den Inhalt des Beutels zu erfühlen. In einem gemeinsamen Gespräch kann das vorhandene Wissen über Schafe gesammelt werden. Anschließend erzählt die Erzieherin zu leiser, ruhiger Musik die Geschichte vom Schaf mit blauen Punkten.

Schließe deine Augen. Male dir in deiner Fantasie ein Schaf – eines mit blauen Punkten, zitronengelben Ohren und einem feuerroten Stummelschwanz. Seine Augen leuchten himmelblau wie zwei Sterne. Dieses fantastische Schaf steht auf einer grünen Wiese und schaut dich freundlich an. Siehst du es? Schau es dir gut an. Es mag dich.
*(kurze Pause)*

Von diesem ungewöhnlichen Schaf möchte ich dir eine ungewöhnliche Geschichte erzählen. Lass deine Augen geschlossen und lausche der Geschichte. *(Musik abschalten)* Eines Morgens, als hinter den Bergen die Sonne aufgeht, steht das Schaf mit den blauen Punkten, den zitronengelben Ohren und dem feuerroten Stummelschwanz auf der grünen Wiese. Seine Augen sind himmelblau. Sie leuchten wie zwei Sterne.

Es steht da und frisst von dem frischen, grünen Gras. Aus dem Wald kommt, noch ziemlich verschlafen, eine Hasenfamilie, um an der kleinen Quelle kühles Wasser zu trinken. Sie entdecken das fremde Wesen, bleiben erstaunt stehen und schauen es neugierig von allen Seiten an. Sie schütteln mit dem Kopf, flüstern und lachen. Als sie weiter wollen fragen sie: „Warum siehst du nicht aus wie alle Schafe?" Noch bevor das Schaf etwas sagen kann, hüpfen die Hasen auch schon davon.

Kurz darauf kommt ein dickes rosiges Schwein auf die Wiese. Als es das auffällige Schaf entdeckt, bleibt das Schwein stehen.

„Wo kommst du komisches Wesen her?", fragt es neugierig. Freundlich, aber etwas schüchtern, antwortet das Schaf: „Ich komme von einem Stern!" Das Schwein grunzt und antwortet: „Du bist aber ein komisches Wesen. Du bist bestimmt nicht normal." Dann läuft es davon und lässt das Schaf auf der Wiese stehen.

In Windeseile galoppiert ein schwarzes Pferd über die Wiese. Seine lange Mähne weht wie eine Fahne im Wind. Es bleibt mit stolz erhobenem Kopf vor dem Schaf stehen und fragt: „Woher kommst du komisches Wesen?" Das Schaf erwidert leise: „Von einem Stern." Das Pferd wiehert ver-

ächtlich und schnaubt: „Das ist doch nicht normal." So schnell wie es gekommen ist, galoppiert es wieder fort.

Eine Mäusefamilie trippelt zur Quelle. Als sie das Schaf entdecken, lachen sie und fragen: „Woher kommst denn du? Du bist ja nicht normal!" Das Schaf wendet sich ab. Es mag keine Antwort mehr geben. Es ist traurig. „Bin ich den wirklich nicht normal?", fragt es sich. Es läuft zum Bach, schaut in das Wasser, entdeckt sein Spiegelbild und wundert sich „Was ist denn so anders an mir? Niemand scheint mich zu mögen ..."

Bedrückt legt es sich auf die Wiese. Plötzlich hört es eine freundliche Stimme, die sagt: „Guten Tag, wie geht es dir?" Das Schaf schaut zur Seite. Es entdeckt eine schwarz-weiß-gestreifte Kuh. Mit Tränen in den Augen antwortet das Schaf: „Mir geht es nicht gut!" „Warum nicht?", fragt die gestreifte Kuh. „Weil ich nicht normal bin", antwortet das Schaf. „Alle Tiere lachen mich aus und stellen mir komische Fragen." „Ich finde dich sehr hübsch", schwärmt die Kuh und setzt sich zum Schaf. „Was ist denn eigentlich normal? Ich finde, du bist etwas ganz Besonderes." Diese freundlichen Worte trösten das gepunktete Schaf. Mit einem Lächeln antwortet es: „Du bist auch schön und ich finde dich auch ganz normal." „Woher kommst du?", fragt das Schaf die Kuh. Die Kuh beugt sich zu ihm hinunter und flüstert dem Schaf leise etwas ins Ohr. Dann schauen sich beide an, lächeln und laufen zur Quelle. Dort trinken sie vom kühlen Wasser. Im Wasser betrachten sie ihre Spiegelbilder. Sie erfreuen sich daran und lachen. Sie finden sich schön und ganz normal. Sie mögen sich sehr. In dieser Nacht sitzen sie lange zusammen und schauen in die Sterne.

Doch am nächsten Morgen sind das gepunktete Schaf und die schwarz-weiß-gestreifte Kuh nicht mehr auf dieser Wiese. Als die anderen Tiere zur Quelle laufen, finden sie nur einige Büschel blauer Wolle. „Das ist nicht normal", sagen sie wieder und trinken wie jeden Tag vom klaren Quellwasser. *(Pause mit Musik)*

Weißt du, wo das blaugepunktete Schaf und die Kuh geblieben sind?

## Abschlussmöglichkeiten

- ♦ Die Geschichte kann mit Orff-Instrumenten verklanglicht werden.
- ♦ In einem Gespräch wird über die Problematik des „Normalseins" gesprochen.
- ♦ Die Kinder können gemeinsam ein Bild von dem Schaf und der Kuh erstellen.

# Literatur

Ingrid Biermann
**Miteinander umgehen lernen**
Geschichten, Lieder und Spiele
für Kindergruppen
Don Bosco, München 1998

Ingrid Biermann
**Und alle machen mit**
Kontakte Musikverlag, Lippstadt 1997

Almuth Bartl
**Das Wahnsinns Spiele Buch**
Tessloff Verlag, Nürnberg 1991

Gisela Mühlenberg
**Budenzauber**
Ökotopia Verlag, Münster 1997

## Empfehlenswerte Bilderbücher

Linda Martin
**Schau, wie sie wachsen**
Saatkorn Verlag, Lüneburg 1994
*(entdecken, staunen)*

Hilde Heyduck-Huth
**Erde**
Verlag Ernst Kaufmann, Lahr 1997
*(staunen, entdecken, Neugierde
wecken, träumen)*

Gerda Wagener/Emilio Urberuaga
**Vampirchen hat im Dunkeln Angst**
Bohem Press, Zürich 1996.
*(Furcht vor Dunkelheit reflektieren)*

Sis Koch
**Die Wolkenreise**
Thienemann Verlag, Stuttgart 1993
*(Stille erleben, Gefühle entdecken)*

Rosemarie Künzler-Behncke/Neil Reed
**Wenn ich erst mal gross bin**
Esslinger Verlag, Wien 1998
*(träumen)*

Julie Sykes/Tanya Linch
**Dies und Das**
Saatkorn Verlag, Lüneburg 1995
*(staunen, Neugierde wecken,
Gemeinschaft erleben)*

Gitte Spree
**Lach doch wieder, Bruno**
Oetinger Verlag, Hamburg 1995
*(Wert des Lachens, sich selbst,
die eigenen Gefühle entdecken)*